Andrew de Prisco

Das Grosse Einmaleins der Hundeerziehung

KYNOS VERLAG

Bildhinweise:
Titelbild: Paulette Braun
Rücktitel: Isabelle Francais
Weitere Fotografen: John Ashbey, Paulette Braun, Andrew A. de Prisco, Tara Darling, Isabelle Francais, Chet Jezierski, Janice A. Koler, Honey Loring, Linda M. McCarty, Vince Serbin, Robert Smith, Judith E. Strom, Karen J. Taylor, Richard Tomita, Wil de Veer.

Titelbild Seite 3: Beginne immer mit dem besten Welpen, den Du Dir leisten kannst. Achte auf den Ruf des Züchters, Gesundheit und Qualität seiner Welpen. Das Bild zeigt einen Welpen aus der Boxerzucht von Richard Tomita, Oakland, New Jersey - einen neuen künftigen Champion des führenden USA Boxerzüchters.

USA Originaltitel dieses Werkes:
Andrew de Prisco: Training The Perfect Puppy

Originally published by T.F.H. Publications, Inc., One TFH Plaza, Third & Union Avenues, Neptune City, New Jersey 07753, U.S.A.

Am Remelsbach 30, D-54570 Mürlenbach/Eifel
Telefon: 06594/653 - Telefax: 06594/452

Übersetzung: Helga und Dr. Dieter Fleig

Gesamtherstellung: Dr. Cantz´sche Druckerei, 73760 Ostfildern

ISBN-Nr.: 3-929545-65-9

Andrew de Prisco

Das Grosse Einmaleins der Hundeerziehung

KYNOS VERLAG

Technicolor-Träume...

Gewöhnung an Hauskäfig

So erblüht auch Dein Welpe...

Wertvolle Zeit mit Freunden...

Inhaltsverzeichnis

Daraus wird
ein Superhund...

Wie perfekt kann ein Welpe sein?

Der Hund ist von seiner Nase bestimmt! Ein Welpe sollte immer welpenhaft sein, dabei lebhaft, liebenswert und gehorsam. Wir Menschen sind es, wir haben die Wahl getroffen, diese domestizierten kleinen Wolfsgeschöpfe in unsere Wohnungen zu holen. Und es gibt eine Fülle guter Gründe, die das erklären.

Rick Tomita, Züchter der Jacquet Boxer und Shibas, schärfte mir, als ich meinen ersten Shiba Inu nach Hause trug ein: *»Sag einem Hund nie, ›ich liebe Dich!‹«* Diese drei kleinen Worte können alle Erziehungsversuche ruinieren, denn Dein Hund weiß jetzt immer, daß *er* es ist, der *Dich* besitzt. Dabei spielt es keine Rolle, daß Du für ihn einkaufst, seine Rechnungen bezahlst und seine Mahlzeiten kochst.

Der erste Hund des Autors Jacquet's Tengu *als süßer sechs Wochen alter Welpe. Der Shiba Inu bedeutet auch für den erfahrensten Hundeausbilder eine Herausforderung. Schnell erkennt er die katzenähnliche Schwererziehbarkeit dieser Rasse.*

Alles dreht sich um die Rangordnung! Hunde sind keine idealen Liebhaber, ihrer Natur nach vielmehr krasse Egoisten. Sie können schwer teilen, sie sind eben Hunde! Großartig - Du liebst Deinen Hund - Du bist bereit, auch die allerletzte Käsenudel mit ihm zu teilen. In Ordnung, tu es! Du mußt aber wissen - wenn die Plätze getauscht werden - wirst Du diese drei kleinen Worte nie von Deinem Hund hören. Mit Sicherheit würde er Dir auch nicht einmal den Geschmack seiner letzten Käsenudel gönnen! Hunde lieben ihre Menschen, sie sind aber weniger sentimental und selbstlos als wir. Und da gibt es doch noch diese Nase! Sie ragt deutlich aus dem Gesicht Deines Welpen hervor, sie ist alles, was den Hund bestimmt - direkten Anschluß zum Gehirn und allen seinen Instinkten. Das müssen wir immer wissen, wenn wir näher erforschen, was einen Welpen bestimmt. Da wir diese Tiere nun einmal in unser Haus geholt haben, müssen wir sie als unseren domestizierten Partner so formen, daß wir mit ihm leben können, ja daß wir ihn lieben. Als Menschen suchen wir Fakten, gute Gründe und manchmal Perfektion. Unser Ziel ist immer, unseren Welpen so perfekt großzuziehen wie ein Welpe nun einmal perfekt sein kann.

EINFÜHRUNG

Angst und Furcht vor der Verantwortung sind zwei wichtige Gründe, sich keinen Hund zuzulegen. Wer möchte auch in den persönlichen Besitz eines puscheligen goldfarbenen Fellbündels mit traurigen braunen Augen übergehen? Wer braucht zerkratzte Hände, angefressene Sofas und zerlumpte Lederschuhe? Wer liebt nicht seinen guten Schlaf? Wer mag einen übelriechenden Küchenboden, bedeckt mit den Tageszeitungen der letzten Tage? Was hat man von einer Katze, die nicht fressen mag, sich den ganzen Tag versteckt?

Besser oder schlechter, reicher oder ärmer, krank oder gesund - plötzlich siehst Du Dich einem acht Wochen alten kleinen Geschöpf ausgesetzt, das nicht deutsch spricht und sich wie ein Hund verhält.

Ein völlig neues Zuhause, aufregend und noch unerforscht! Kein anderer Hund außer mir! Berühre mich, streichle mich, Du bist völlig mein! Mir gehört der ganze Raum und alle diese Spielsachen - und an jedem Tag in der Woche ein eigener Knochen! Höre, wie laut ich schon bellen kann! Laß uns die ganze Nachbarschaft durchstreifen - ist dies ein Baum?

Dieser Welpe ist schrecklich aufgeregt! Und Du bist aufgeregt und etwas erschreckt.

Elterliche Angst? Bin ich für dieses neue Tier auch der richtige Partner? Was hätte meine Mutter mit diesem Hund gemacht? Was hätte die eigene Mutter mit dem Welpen gemacht?

Plötzlich hat Dich ein schwarzweiß geflecktes Geschöpf in Besitz genommen, ist vielleicht noch hilfloser als Du selbst!

Wie perfekt kann ein Welpe, ein guter Hund überhaupt sein?

Du kannst nicht darauf warten, bis dieser perfekte Welpe ein echter Hund wird - ein guter Hund? Alle Welpen sind nun einmal Welpen. Und da ist eine lange steinige Strasse zu gehen, ehe dieses völlige unwiderstehliche Fellbündel ein echter Lebensgefährte wird, ein zuverlässiger Freund, ein Jagd-oder Wachhund - oder ein Ausstellungschampion.

Welpenzeit bietet einen Full-time-Job... für Welpen und die ganze Familie. Akitas fordern erfahrene Hundebesitzer, die wissen, daß sie der Rudelführer sein müssen.

Menschen vergessen, daß Welpen keine Menschen sind. Schau es Dir genau an - Babies sind wirkliche Menschen - sie brauchen bis zum Erwachsensein 18 Jahre. Du mußt Dich durch die Jugend Deines Hundes hindurch kämpfen, ihn dabei einen Junghund sein lassen - zumindest über sein erstes Lebensjahr.

Das bedeutet nicht zwangsläufig, daß Du Dein normales menschliches Leben aufhören mußt, um diesen kleinen vierbeinigen Köter richtig einzugliedern. Aber sicherlich mußt Du einige Opfer bringen, Deine Verpflichtung zur Erziehung des Hundes ernst nehmen. Die Erziehung des Jung-

Unterbrochene Spielzeit - Ausruhen mit Quietschefrosch.

hundes steht im engsten Zusammenhang mit Deiner Lehrmethode - auch mit Deiner Bereitschaft, Dich in das Denken Deines Hundes einzufühlen.

Da es unmöglich ist, einen Hund dazu zu bringen, wie ein Mensch zu denken, mußt Du wie ein Hund denken lernen. Die Welt ist ganz anders - wenn man auf allen Vieren läuft - und so nahe am Boden. Ja - seit die alten Höhlenbewohner den Hund in den Wänden einritzten begleitet der Hund den Menschen, dennoch, das Verständnis Mensch/ Hund ist bei weitem nicht so eindeutig kultiviert wie eigentlich die Evolutionstheorie es versprach.

Mit jedem neuen Jahrhundert wurde das Leben der Menschheit immer komplizierter, entsprechend hat sich der Hund auch anzupassen bemüht. In den Zeiten, als der Mensch zur Jagd auf fliegende Saurier auszog, prähistorische Schlangen enthäutete und seine Frau an den von keinem Friseur gepflegten Haaren zog, in den Zeiten, als die Dinosaurier noch nicht sprechen konnten, keinem Syndikat angehörten - damals kannte der Mensch seinen Platz, paßten seine Instinkte in den gemeinsamen Lebensstil. Menschen jagten ihre Beute, Hunde jagten ihre Beute. Der Mensch hetzte den Büffel, der Hund gleichfalls, der Mensch benagte den Knochen des Hirsches, am gleichen Knochen nagte auch der Hund. Das Leben war einfach und deshalb wunderschön. Damals brauchte der Hund nicht erzogen zu werden, bemühte sich der Mensch überhaupt nicht darum. Das war sicherlich gut, denn es gab damals keine Bücher über Hundeerziehung.

Wenn kein Antilopenknochen mehr da ist, begnügt sich unser Rottweilerjunghund auch mit einem leckeren Kauknochen.

Zeit und Technologie haben uns im 20. Jahrhundert in eine Situation geführt, in der für den Hund eine schwer durchschaubare, von Zweibeinern bestimmte Welt entstanden ist. Computer ticken, Fax-

Draußen lauert eine Welt, in der der Eine den Anderen auffrißt!

geräte tönen und übertragen Botschaften, Flugzeuge jetten von einem Erdteil zum anderen. Da gibt es die würgenden Halsbänder, unsichtbare Zäune, welche die unschuldige Nase unserer Hunde kontrollieren und verletzen. Man braucht schon einen ziemlich intelligenten Welpen, um dies alles zu bewältigen, und in der heutigen Welt trifft er nicht mehr auf viel Natürliches oder was alleine vom Instinkt her zu bewältigen wäre.

Hunde lesen nicht, sie können auch nicht sprechen, uns erzählen, was sie wirklich denken oder wie sie sich fühlen. Es gibt kein wirkli-

Instinktsichere Rassen wie der Shiba Inu haben meist erstklassige Mütter. Gesunde und fitte Mütter halten ihre Welpen makellos sauber und gut gepflegt.

ches Wissen, was Hunde denken und fühlen - keine - trotz der Neuigkeiten, die auf der Bestsellerliste der *New York Times* enthüllt werden. Hunde lächeln, bellen und lösen sich immer wieder. Richtig ist aber - Hunde vermögen zu kommunizieren und tun es auch, untereinander und mit uns - den Nichthunden. Sie kommunizieren sogar mit Katzen und anderen Tieren, die höchstwahrscheinlich weniger Schwierigkeiten haben, gegenseitig ihre Zeichen und Laute zu verstehen als wir Menschen.

WIE DIE MUTTER, SO DAS KIND!

Natürlich lernen Welpen ihre ersten Lektionen von ihrer Mutter.

Wäre der Vater bei der Aufzucht mit zugegen, würden sie auch von ihm erzogen. In unserer modernen Welt lungert meist der Rüde nicht im selben Zwinger herum, in dem die Hündin lebt. In aller Regel reisen die Hündinnen zur Paarung in das *Domizil des Rüden.* Ja - im Alter des kontinentalen Reiseverkehrs wird vereinzelt auch der Samen des Rüden entnommen und über Nacht quer über den ganzen Kontinent geflogen. Naturgemäß hat ein solcher Vater mit dem Erziehen und Pflegen seiner Nachkommenschaft nicht viel zu tun. Unmöglich ist es aber nicht, daß das Vatertier sich am Aufziehen der Welpen beteiligt - das ist allerdings von Rasse zu Rasse verschieden. Als allgemeine Regel gilt, je mehr eine Hunderasse noch dem Wolf ähnelt, um so wahrscheinlicher sind die natürlichen hundlichen Instinkte intakt. Der Deutsche Schäferhund, Akita Inu, Spitz und Shiba Inu sind in der Regel wesentlich instinktsicherere Elterntiere als beispielsweise ein Bulldog, Chihuahua, Whippet oder Mastino Napoletano. Bei den wolfsähnlichen Hunderassen sind auch die natürlichen Körperformen weitgehend erhalten geblieben, entsprechend ausgeprägter ist auch das wölfische Verhaltensinventar überliefert. Akita Väter zeigen sich oft recht instinktsicher, beschützend und väterlich. Vom Menschen geschaffene Hunderassen wie Bulldog und Chihuahua sind so weit von den Urformen entfernt, daß es bei Geburt und Aufzucht zuweilen menschlicher Hilfe bedarf, bei einigen Rassen bis zum Kaiserschnitt. Die Hündinnen bestimmter Hunderassen sind oft auch keine guten Mütter, was die Schlußfolgerung rechtfertigt, daß die Rüden möglicherweise noch schlechtere Väter wären.

Diese reizenden Bulldog-Welpen würden auch den mutigsten römischen Kaiser auf die Knie zwingen.

Unabhängig davon ist aber die Mutterhündin für die Welpenerziehung voll verantwortlich. Von ihr lernen sie wie zu saugen, wohin zu gehen, was sicher und verläßlich ist und was nicht. Die Hündin ist auch in der Lage, die ihr anvertrauten Welpen zu erziehen, sie tut dies immer liebevoll und recht wirksam. Wo Vater Hund noch mit im

Spiel ist, beginnt auch er so etwa im Alter von fünf bis sechs Wochen sich an der Erziehung zu beteiligen, lehrt die Welpen spielen, jagen, was gefährlich sein könnte, wie man sich notfalls selbst schützt. In dieser Hinsicht ist die Hundewelt außerordentlich »modern« - nie lag es allein im Verantwortungsbereich der Mutter, die Familie großzuziehen. Bei Hunden ist tatsächlich die Hündin immer der Leiter des Rudels, das dominante Tier - der Überlebenskünstler!

Natürlich macht Dein neuer Welpe eine ganze Menge Schmutz - er pinkelt, kotet, verkrümmelt und verspeist überall alles - trotzdem sind Hunde vom Instinkt her außerordentlich saubere Tiere. Die Mutterhündin reinigt sorgfältig alle Hinterlassenschaften ihrer Welpen bis sie selbst aus dem Lager herauskrabbeln; dann lehrt sie ihren Nachwuchs, wo er sich lösen soll. Wenn die Welpen den Züchter verlassen, sollten sie insoweit stubenrein sein, daß sie wissen, keinesfalls ihren Schlafplatz zu verunreinigen. Wir werden noch sehen, daß dies die einzige vernünftige Basis zur Erziehung zur Stubenreinheit bildet.

Vom Beispiel der Mutterhündin lernen wir über Aufzucht und Erziehung der Welpen eine ganze Menge, auch das Grundverständnis für hundliches Verhalten und hundliche Instinkte. Und diese natürliche Haltung der Mutter leitet uns auch durch das ganze erste schwierige Jahr, die wir *Kindheit - Puppyhood* - des Hundes nennen.

FOLGE DEM FÜHRER!

Hunde sind nicht dafür geschaffen, allein zu leben. In der freien Wildnis können Wölfe nur in Rudeln überleben, sie jagen zusammen,

Kommt Dein Welpe von einem guten Züchter, sollte er schon (nahezu) stubenrein sein. Diese Otterhound-Welpen wissen um den Wert von Sauberkeit - besonders wichtig für einen Hund, der Schlamm so sehr liebt wie ein Otterhound.

sind aufeinander angewiesen. Ein Hund aus dem Rudel muß sich zum Rudelführer entwikkeln, damit das Rudel zu überleben vermag. Aus diesem Grund akzeptiert Dich Dein Welpe auch sofort als neues Rudelmitglied. Die Wichtigkeit, daß der Junghund lernen muß, seinem Rudelführer zu vertrauen, kann überhaupt nicht genügend hervorgehoben werden - dies ist die Grundlage jeder Hundeerziehung. Denke daran, das ursprüngliche Rudel Deines Welpen bildeten Wurfgeschwister und Mutter, es sei denn, es handelte sich um einen Einzelwelpen. Bei einigen Züchtern gibt es im Sozialisierungsalter noch ringsum weitere Hunde, zuweilen beteiligen sich Tante oder

Frühe Sozialisierung durch den Züchter bestimmt die Unterschiede! Diese Golden-Welpen verbringen mit ihrer Züchterin Nona Kilgore Bauer sehr viel Zeit. Ein Musterbeispiel idealen Züchterverhaltens.

Welpen brauchen einen Rudelführer, um ihm nachzulaufen. Diese Boxer-Welpen haben fröhlich ihren neuen Rudelführer akzeptiert, die junge und muntere Roxanne Westra.

Großmutter an der Aufzucht. Wie auch immer, beim Verlassen des ursprünglichen Rudels, in dem die Mutter Rudelführer war, beginnt für den Welpen ein eigenes Leben, möglicherweise könnte er seiner Natur nach auch zum Rudelführer geschaffen sein.

Es ist recht leicht, den Besitzer eines echten Rudelchef-Hundes zu erkennen. Dies ist bestimmt nicht der Herr, der mit seinem perfekten, freundlichen Pudel auf der riesigen Madison Square Garden-Hundeausstellung *Best in Show* wird - auch nicht der Halter des temperamentgeladenen Dobermanns. Er ähnelt vielmehr besonders Deinem Nachbarn, der von seinem selbstbewußten *Lhasapudel* Rassenmischling die Straßen entlanggeschleppt wird.

Bist Du bereit, Deinem Welpen alles zu gestatten, läßt ihn sich zum Rudelführer entwickeln, kannst Du jetzt dieses Buch weglegen. Deine Situation ist ganz einfach - Dein Leben könnte allerdings recht kompliziert werden! Wenn Du aber die Absicht hast, einen Hund zu besitzen, mit dem Du gut leben kannst, ihn zu lieben vermagst, solltest Du besser von Anfang an selbst als Rudelführer die Kontrolle übernehmen.

Von Anfang an mußt Du absolut darauf achten - erteiltst Du

Aufbauen und Erziehen erfolgen Hand in Hand. Bei kleineren Rassen wie diesem Silky Terrier sollten die Besitzer nie zu sehr ihre Hunde verwöhnen.

Ihre Grenzen lernen Welpen durch ihre Wurfgeschwister. Volle acht Wochen mit Mutter und Geschwistern machen sie zu auf Hunde gut sozialisierten Welpen.

Deinem Welpen ein Kommando oder einen Tadel (zum Beispiel *Nein!*), mußt Du dies auch ernsthaft so durchsetzen! Lasse Dich nie weich machen. Wenn Du *Nein, Platz* oder *Sitz* verlangst, dann *bedeutet es immer jetzt* Nein, Platz oder Sitz. Bilde Dir nicht ein, er wird schon beim nächsten Mal darauf hören. Durch Deine Inkonsequenz ist sicher, er wird es nicht! Mit anderen Worten - bist Du nicht bereit, Dich sofort mit Deinem Welpen zu befassen wenn er Dich ignoriert, solltest Du auf jedes Kommando verzichten!

Welpen sind unwiderstehlich süß! Es scheint sogar, daß sie noch unwiderstehlicher werden, gerade wenn sie sich ungehorsam oder aufrührerisch verhalten. Natürlich ist es richtig, einen Welpen Welpen sein zu lassen. Da gibt es ja das Sprichwort, man soll das Unvermeidliche akzeptieren. Trotzdem darfst Du Deinen Welpen niemals zu einem *kleinen verwöhnten Ungeheuer* werden lassen. Anfangs betrachtet der Welpe Dich genauso wie seine Mutter. Jetzt liegt es an Dir, Anweisungen zu geben, Dich durchzusetzen, für Disziplin zu

Welpen sind keine Kinder! Du mußt Dich mit ihnen in einer Sprache verständigen, die sie auch verstehen.

sorgen - besonders aber *viel zu loben.*

Der Rudelführer - *der aggressive Junghund* - sucht völlig von sich aus eine dominante Rolle zu übernehmen, die ihn selbst bestätigt. Er benimmt sich wie ein ausgeprägter Macho. Für Dich als seinen Besitzer ist es unerläßlich ihm zu zeigen, daß Du in dem Rudel die dominante Rolle übernimmst. Ebenso eindeutig muß er erkennen, daß jeder Mensch im gemischten Rudel ihm gegenüber dominant ist.

Es gibt eine Reihe möglicher Erziehungsschritte, damit sich ein Welpe Deinen Wünschen unterwirft. Diese Methoden richten sich in dem Augenblick gegen den dominanten Junghund, wenn er den Aufstand probiert. Die grundlegendste dieser Maßnahmen besteht darin, den Welpen so hochzuheben, daß er Dir exakt ins Gesicht schauen muß. Alle vier Läufe vom Boden entfernt, erklärst Du ihm eindeutig

Nein! und hältst ihn für kurze Zeit (etwa 30 bis 40 Sekunden) in dieser Lage. Eine andere Methode besteht darin, den Welpen in die ausgestreckten Arme zu schließen, ihn in dieser Position festzuhalten bis er sich beruhigt. Grundlage mütterlicher Disziplin war das *Schütteln am Nackenfell* - dabei wird der Welpe am Hals gepackt und geschüttelt. Obgleich die Mutter natürlich ihren Fang gebrauchte, kannst Du durchaus hierfür Deine Hand nehmen. Dieser Griff überträgt Deinen Willen direkt auf den Welpen. Immer erfolgt das Kommando *Nein!*, wenn der Hund etwas falsch macht.

Wie gut kannst Du knurren? Das nämlich ist die Art, wie die Mutterhündin ihre Mißbilligung zum Ausdruck brachte - und die Mutter weiß es immer am besten. Einverstanden? Da Du kein Hund bist, solltest Du nicht erwarten, daß der Welpe Dein menschliches Verhalten akzeptiert, es präzise in seine Hundesprache übersetzen kann. Es mag für Dich töricht klingen - noch törichter für die übrigen Mitglieder Deiner Familie - aber eine stattliche Anzahl der Spitzenzüchter in den USA geben offen zu, daß sie bei der Erziehung eines Welpen knurren. Möglicherweise nimmt Dein Welpe dabei an, Du spieltest mit ihm. Wenn Du es aber ernst meinst, wird er das schnell erkennen.

Mein Hund in einem Käfig?! Überwinde alle Vorurteile. Nur bei Dir gibt es Vorstellungen eines Hundegefängnisses, beim Welpen nicht. Der Welpe sieht den Käfig als seine Höhle, als Ort der Ruhe, der Entspannung, wohin er sich zurückziehen kann.

Die allerletzte Hilfe zur Sicherung der Dominanz über einen Welpen besteht in dem sogenannten *dominanten Platz.* Diese Technik ist aber nur ganz vereinzelt bei einem außerordentlichen aggressiven, aufrührerischen Welpen zulässig. Sie besteht darin, daß der Welpe auf die Seite gelegt, am Hals und in der Körpermitte in dieser Position am Boden festgehalten wird. Dies ist die natürliche Unterwerfungsstellung eines Hundes. Eine Überdosierung dieser Technik kann aber katastrophale Wirkung auf den Welpen haben! Benutze diese Methode nur in außerordentlich kritischen Augenblicken. Keinesfalls darfst Du dieses *dominante Platz* übungsweise anwenden - Dein Welpe weiß genau - *dies ist kein Spiel!*

DER SUPERWELPE

Der Besitz eines Welpen, manchmal auch als Adoption eines Welpen gesehen - wird häufig mit Elternschaft verglichen. Tatsächlich wirst Du für Deinen Welpen zur Ersatzmutter, mit Deiner Familie zum Ersatzrudel. Die »Elternschaft« bei einem Welpen ist außerordentlich verschieden von der Elternschaft bei einem Baby. Wären Eltern nicht geradezu begeistert, wenn sie beim Ausgang in der Stadt oder am Samstagabend ihr drei Monate altes Baby in einen *Käfig - Crate* - stecken könnten? Dieses Glück gibt es bei Kindern nie. Also sind Welpen wesentlich einfacher aufzuziehen als Kinder. Bei ihnen gibt es auch keine traumatischen Teenagerjahre, Studiengebühren, Universitätsexamen oder gar teure Hochzeiten.

Interessanterweise beginnen Eltern mit dem *Training ihrer Kinder* früher und früher. Einige *Knirpse* spielen heute Computerspiele, noch ehe sie *völlig trocken sind.* Vierjährige Kinder bewerben sich um vorzeitige Einschulung, da sie der Kindergarten nicht mehr ausfüllt. Die Eltern dieser Kinder - ja, die *Yuppies* - die eine solche Einschulung geschafft haben, hetzen ihre *Superkids* durch die Kindheit, so daß sie lieber Streitgespräche über Renoir und Monet führen, anstatt sich Cartoons über Captain Blaubär anzusehen. Vierjährige Kinder brauchen genauso wenig mathematische Spezialaufgaben und Wissen

Gibt es Jagdhunde unter den Vorfahren Deines Welpen, eignet er sich meist auch selbst für solche Arbeiten. Das Gleiche gilt für Welpen mit Vorfahren, die sich als Schutzhunde oder Ausstellungshunde bewährt haben.

über Shakespeare wie acht Wochen alte Welpen Elektroschockhalsbänder und eine fortgeschrittene Schutzhundeausbildung. Welpen müssen Welpen bleiben, genügend Zeit haben, um ihre Knochen zu kauen und mit Bällen zu spielen. Natürlich kann dann der Hundebesitzer für alle Aktivitäten der Rassehundezucht begeistert sein, warum auch nicht? Ein modernes, vom Wettbewerb geprägtes expansives und teures Hobby! Natürlich wird Dein Welpe nie ein Magister oder ein Doktor der Philosophie.

Warum aber soll er nicht zum geprüften Companion Dog oder zum anerkannten Suchhund werden. Er zahlt zwar keine Studiengebühren an einer Universität, für ein Championat auf Ausstellungen können trotzdem mehrere tausend D-Mark an Ausgaben anstehen. Wahrscheinlich wird Deine Hündin auch keine wunderschöne Hochzeitsreise nach Italien erbetteln, den richtigen Zuchtrüden zu finden und zu bezahlen könnte aber nahezu eben soviel kosten wie die Besteigung eines Alpengipfels.

Wenn Du Deinen Hund aus Leistungszucht kaufst, brauchst Du wahrscheinlich mehr als Rasenschmuckstücke, um ihn beschäftigt zu halten. Dieser sechs Monate alte Bearded Collie zeigt Talent und Begeisterung für alle Hüteaufgaben.

Hundebesitzer sollten ihren Welpen immer mit realistischen Erwartungshaltungen gegenübertreten, beim Welpenkauf ihren gesunden Menschenverstand gebrauchen, auch danach bei der notwendigen Erziehung und Ausbildung. Der *Superwelpe* ist natürlich der Traum der meisten Rassehundezüchter, von dem sie sich auch nicht abbringen lassen sollten. Ehe Du aber als Liebhaber einen Welpen kaufst, solltest Du Dir über Deine Pläne klar werden. Möchtest Du Ausstellungen besuchen und eine eigene Zucht aufbauen, mußt Du einen erfolgreichen Ausstellungszwinger wählen, dort Deinen Hund kaufen. Brauchst Du einen Golden Retriever für Jagdleistungsprüfungen (*Field Trials*) oder möchtest Du mit Deinem Pudel *Agility-Wettbewerbe* gewinnen, solltest Du Deinen Welpen von nachweislich guten jagdlichen Linien oder erfolgreichen Elterntieren im Agility-Sport kaufen. Sehr viele der Veranlagungen eines Welpen sind erblich bedingt. Deshalb ist es sehr viel leichter, von Super-Elterntieren ein *Su-*

Ein echter Spitzenhund! Die Hündin Ch. Altana's Mystique zog sich als erfolgreichster Ausstellungshund aller Zeiten zurück, gewann nahezu 300 mal den Titel Bester Hund der Ausstellung. Führer Jimmy Moses, Besitzer Jane A. Firestone.

per Puppy zu erhalten. Die meisten *Field Trial Champions* haben unter ihren Nachzuchten wieder Field Trial Champions. Erfolgreiche Ausstellungssieger bringen unter ihren Nachzuchten gleichfalls Ausstellungssieger.

Die Westminster Kennel Club Dog Show ist die jährliche Spitzenveranstaltung in den USA, findet weltweit Anerkennung.

Wenn Du Dein Ziel kennst, dann kannst Du auch entsprechend die Erziehung Deines Welpen ausrichten. Möchtest Du beispielsweise einen Ausstellungshund, darfst Du sicherlich nicht abwarten, bis er erst einmal drei Jahre alt geworden ist, um ihn dann erstmals auszustellen. Beginne mit seiner Erziehung früh und verfolge systematisch Dein Ziel.

Die meisten Hundefreunde erstreben nicht den Kauf eines weltberühmten Hundes. Viele Leser werden wahrscheinlich nicht einmal wissen, daß es auf der Welt neben Lassie und ihren in Hollywood ausgebildeten Nachzuchten und einer Handvoll anderer vierbeiniger Fernsehstars noch viele andere wertvolle und berühmte Hunde gibt. Und diese *Superdogs* sind keine Fiktionen, keine Geschöpfe aus *Comic Books*. Bei ihnen handelt es sich um die Nachzuchten sehr engagierter Züchter, die Zuchtlinien aufgebaut haben, aus denen

Best in Show Westminster Show 1996 war der Clumber Spaniel Ch. Clussexx Country Sunrise. Besitzer Richard und Judith Zaleski.

Champions kommen, die ihre Titel gewinnen, sogar auf so prestigeträchtigen Ausstellungen wie Westminster Kennel Club oder die englische Crufts Kennel Club Show in Birmingham.

Vielleicht wird aber Dein Junghund niemals einen Ausstellungsring betreten oder sich an Unterordnungswettbewerben beteiligen. Trotzdem sollte er ein gehorsamer, Umweltverhältnissen angepaßter Vertreter des Hundegeschlechts sein. Höchstunwahrscheinlich ist unser Junghund ein Verwandter dieser Weltklassehunde, denn etwa 80 Prozent aller Rassehunde leben ihr Leben einfach als freundliche Familienmitglieder. Nicht jeder Hund kann so berühmt werden wie Lassie oder Kommissar Rex!

Du solltest Dir aber einen Welpen suchen und erziehen, mit dem Du Dein Leben teilen kannst, auf den Du all Deine Liebe überträgst. Hunde sind dazu da, geliebte Helfer und Familientiere zu sein, problemlos, leicht zu halten, so gesund, daß sie nicht laufend das Geld zum Tierarzt tragen.

DER HUND - DAS SOZIALE WESEN

Die Grundlage der Erziehung Deines Welpen beginnt mit der Stunde, wenn Du ihn mit acht bis zehn Wochen nach Hause bringst. Die meisten Züchter geben Welpen etwa mit acht Wochen ab. Einige behalten sie bis zu zehn Wochen, glauben daß die Betreuung durch die Mutterhündin in diesen zusätzlichen zwei Wochen die Erziehung beachtlich vereinfache. Wahr ist aber, daß viele Hündinnen das Interesse an ihren munteren Nachzuchten verlieren, wenn sie etwa sechs Wochen alt sind, nach diesem Zeitpunkt auch nicht mehr sehr viel erzieherisch wirken. Wo der Vater-Rüde im Haus lebt, beginnt er zu dieser Zeit, die Mutterhündin von ihrer Belastung zu befreien. Im echten Wildhunderudel helfen auch andere Verwandte wie Onkel und Tanten

Welpen akzeptieren Menschen genau so wie andere Hunde. Frühzeitige Sozialisierung mit Kindern, Erwachsenen, Familie und Fremden bereiten den Welpen auf sein künftiges Leben vor.

»Bist du noch immer da?« Nach acht Wochen Säugen, Säubern und Erziehen ist die Hündin erschöpft, froh, wenn ihre Welpen ein gutes Zuhause finden.

bei Aufzucht, Fütterung und Erziehung. Beim Welpen hat die Sozialisierung Rangstufe eins. Es ist Deine Aufgabe, den Welpen mit allen neuen Erfahrungen und Umwelteinflüssen vertraut zu machen, dadurch werden seine soziale Anpassung und Selbstvertrauen gestärkt. Er hat bereits Grundkenntnisse, um mit anderen Hunden - zumindest mit Hunden, die er kennt (Hündin und Wurfgeschwister) - zu kommunizieren. Wahrscheinlich hat er aber noch nicht gelernt, daß es außer seiner Kernfamilie noch andere Hunde auf dieser Welt gibt. Das Zusammentreffen mit dem ersten neuen Hund kann zum augenöffnenden Erlebnis werden, denn nicht jeder Hund auf den Straßen ist ebenso glücklich, auf ihn zu treffen, wie dies bei seiner Mutter der Fall war.

Die Sozialisierung mit Menschen ist ebenso wichtig, wahrscheinlich noch wichtiger. Ein selbstbewußter Welpe nutzt jede Gelegenheit, mit neuen Menschen zusammenzutreffen. Je nach Rasse und Persönlichkeit des Einzelhundes wird er mit wildem Rutenwedeln

Prägung auf Menschen! Welpen müssen schon von frühester Jugend an mit dem Menschen vertraut werden. Diese Boston Terrier-Welpen ruhen auf einem behaglichen Schoß.

mit neuen Menschen zusammentreffen oder neuen Bekanntschaften gegenüber sich einfach nur tolerant zeigen. Zweifelsohne werden Welpen von Golden Retriever und Deutschen Schäferhunden jeden neuen Menschen mit leckender Zunge wie einen lang verlorenen Freund freudig begrüßen. Ein Akita- oder Chow Chow-Welpe nickt dagegen oft nur leicht mit dem Kopf und duldet respektvoll einen kleinen Begrüßungsklaps seiner neuen Bekanntschaft.

Verantwortungsbewußte Züchter verbringen mit der Sozialisierung jedes Wurfes viel Zeit, die Welpen einfach brauchen, um die Welt zu erleben. In dieser Hinsicht sind kleine Hunde menschlichen

Babies recht ähnlich - beide müssen viel geliebt und angefaßt werden, um sich richtig zu entwickeln. Einige Untersuchungen an menschlichen Kindern deuten darauf hin, daß ein Kind, das man nicht berührt, buchstäblich sterben könnte. Welpen sind genauso soziale Geschöpfe, brauchen eine Fülle an Liebe und Streicheleinheiten, um zu angenehmen, liebenswerten Hunden heranzuwachsen. Junge Hunde ohne Kontakt zum Menschen werden übertrieben scheu, fürchten sich vor allen neuen Erlebnissen. Einige entwickeln sich sogar zu Angstbeißern. Für einen Hund gibt es nichts Wichtigeres als die Fähigkeit sich anzuschließen. Ein Hund ohne Verbindung zu irgendeinem Herrn ist überhaupt kein richtiger Hund. Hunde brauchen immer jemanden zum liebhaben.

Gute Züchter verbringen viele Stunden mit ihren Welpen. Durch Sozialisierung verlieren die Welpen ihre Zurückhaltung, werden Menschen gegenüber selbstbewußt und vertraut. Diese Krabbelkinder sind Cardigan Welsh Corgis.

Um die Sozialisierung eines zehn Wochen alten Welpen fortzusetzen, solltest Du viel mit ihm auf die Straße oder in den Park spazierengehen, wo er mit Menschen und allen möglichen Geräuschen zusammenkommt. Im Alter zwischen acht und zehn Wochen muß der Hund noch zu Hause gehalten werden, um sein Vertrauen aufzubauen. Achte unbedingt darauf, daß vor der Sozialisierung mit Menschen und Tieren der Welpe ausreichend geimpft ist. Laß ihn von vielen netten Menschen anfassen, sprich mit ihm während dieser Erlebnisse. Er sollte sich bei all dieser Aufmerksamkeit wohlfühlen, die Zuwendung genießen.

Hast Du die Absicht, den Hund auszustellen, sollte er als erstes auch einmal eine Freilandausstellung besuchen, wo ihr gemeinsam spazierengeht. Dabei trifft er eine Vielzahl gut erzogener Hunde mit ihren Menschen. Dabei gewinnt Ihr einen ersten Eindruck, wie die Ausstellungswelt abläuft, trefft Menschen, die sich ihr verschrieben haben. Bei allen Spaziergängen mußt Du den Junghund immer an loser Leine führen. Nicht alle Rassen sind so veranlagt, daß sie sich immer dicht bei ihren Besitzern halten. Meist finden Junghunde solche Erfahrungen außerordentlich interessant, wollen alles ringsum erforschen. Überstürze nichts, laß Dir mit solchen Erfahrungen Zeit. Für viele Welpen können derartige Begegnungen auch erdrückend wirken, beginne deshalb immer vorsichtig mit wenigen Beteiligten. Keinesfalls solltest Du einen Junghund auf eine allgemeine Hundeausstellung mit 5.000 ausgestellten Hunden bringen mit großem Teilnehmerkreis und viel Betrieb, dabei erwarten, daß er sich da schon gut einfügt.

DER WELPE UND SEINE UMWELT

Nicht jeder Hund eignet sich für ein Leben im Haus, aber die allermeisten. Hast Du Dir einen außergewöhnlich großen Hund ausgesucht, der noch besonders beschützerisch veranlagt ist - etwa einen English Mastiff oder einen Mastino Napoletano - fällt es manchmal schwer, diesen in das häusliche Leben zu integrieren. Gerade solche Hunde brauchen engsten Anschluß an den Menschen, die Aufgabe der Sozialisierung dieser Hunde ist bestimmt nicht leichter oder weniger wichtig. Am besten wählst Du eine Hunderasse aus, die sich für die Haltung in der Wohnung eignet. Du solltest dem Welpen aber nicht bereits am ersten Tag freie Bewegung im ganzen Haus gestatten. Zunächst darf er seinen Bereich erforschen, beispielsweise eine abgetrennte Küche oder einen Hausarbeitsraum. Hier bekommt der Welpe alle seine Dinge - Spielzeug, Knochen, Bälle etc. - seinen Käfig - seine Futterschüsseln. Schnell wird er sich an diese Umwelt gewöhnen, anfangen sich zu Hause zu fühlen.

Im allgemeinen sind Labrador-Welpen bekannte Aktivisten - brauchen viel Bewegung.

Als neuer Hundebesitzer wirst Du zwangsläufig zum echten *Umweltfanatiker!* Natürlich ist auch Dein Welpe gegen die Verunreinigungen des Ozeans, den Einsatz giftiger Pestizide, gegen Abfälle auf der Straße und alle Arten von Verunreinigungen - obgleich sein eigenes Bellen den Lärmpegel in Deiner Nachbarschaft erhöht. Im konkreten Fall bezieht sich unser Umweltfanatismus auf die Sicherung des eigenen Gartens und der Wohnung. Hier lauern Alltagsgefahren, die Deinem neuen Schützling ernsthaft schaden, ja sogar zum Tod führen könnten. Während der unmittelbare Wohnbereich des Welpen gefahrfrei sein muß, ist es richtig, auch das ganze übrige Haus genau zu überprüfen, falls der Welpe es ohne Überwachung durchstreifen sollte.

Die schönste Zeit des Jahres? Denke zweimal darüber nach, ehe Du einen Welpen unter den Weihnachtsbaum legst. Welpen sind keine Kindergeschenke, sondern anspruchsvolle Familienmitglieder.

Zimmerpflanzen können für Hunde giftig sein. Unter den Grüngewächsen besonders schädlich sind Rhododendron, Philodendron, Bambusrohr und Dieffenbachia. Auch Kinderspielzeug wie Murmeln, Pfeilspiele, Würfel und andere Gegenstände, die sich leicht verschlukken lassen, sind sehr gefährlich. Achte darauf, daß alle Elektrokabel ausserhalb der Reichweite liegen, so geschützt werden, daß der Hund nicht daran kommt.

Weihnachten ist für junge Hunde eine schreckliche Zeit! Neben dem Streß und all den Aufregungen menschlicher Gesellschaft und dergleichen kommt es zu einer ganzen Parade wohl versteckter Gefahren - brennende Kerzen, elektrische Blitzlichter, Bänder, Lametta, Girlanden, Disteln und Stechpalmen und die voll erblühten Christsterne, wenn man einmal von Schokolade, Hühnerknochen und Glasscherben absieht. Auch das Fahren mit einem pferdebespannten offenen Schlitten eignet sich für einen Junghund weniger - obwohl alles wie eine wunderschöne Bildpostkarte wirkt! Der Welpe aber gehört in seinen Käfig, trotz allem Protestgeschrei!

Medizinflaschen, Zigarren, Zigaretten, Aschenbecher, Hausreinigungsmittel wie WC-Reiniger und Raumspray, kleines Nähzeug wie Nadel und Faden müssen immer außerhalb der Reichweite des Welpen bleiben. Zu den berüchtigten Fallen gehören auch Bowlenfrüchte wie Pfirsische und Erdbeeren.

Frostschutzmittel schmecken für Hunde besonders attraktiv und - *tödlich!* Vergewissere Dich immer, nach Gebrauch den Boden sorgfältig zu reinigen. Frostschutzmittel gehören an einen Ort, den der Hund niemals erreichen kann. Es gibt heute einige hundesichere Frostschutzmittel auf dem Markt, aber sie werden nur wenig angeboten, sollten aber bald die einzigen sein, die noch verkauft werden dürfen. Bis dahin müssen Hundebesitzer ihre Tiere vor diesem süßschmeckenden und angenehm riechenden Gift sorgfältig schützen.

Waschmittel, Entroster, Alkalien und Säuren sollten genau wie alle Malerprodukte ausschließlich auf hohen Regalen aufbewahrt werden. Achte auch sorgfältig darauf, wo Du Mausefallen oder Ameisengift auslegst.

Bei Spaziergängen Vorsicht vor Bodenflächen, die mit Pestiziden, Herbiziden, Insektiziden und Mäusegift behandelt wurden. Alle diese Gefahrstoffe lassen Dich wünschen, Du könntest Deinen Welpen nur im Haus halten. Zu den weiteren Gefahren in der freien Natur gehö-

Beim Umherschleppen seines Stocks durch tiefes Gras weiß dieser Chesapeake Bay Retriever-Welpe wenig über all die Gefahren, die ihn vielleicht im Freien erwarten.

ren Schlangen, Eichhörnchen, Fledermäuse, Ratten und Füchse. Natürlich bieten alle diese Biester Deinem Hund mehr Vergnügen als der schönste Kauknochen - sie sind sich bewegende Beute, echt quietschendes Spielzeug, das aber zurück beißt. Wenn man den Welpen stets überwacht, erspart man sich das Herausziehen von Igelstacheln, Reinigen von üblen Gerüchen, das mühselige Herausholen des Welpen aus Gestrüpp, um hier die großen Gefahren von Tollwut und Giftbissen gar nicht näher zu erläutern.

Spielpause mit einem Kauspielzeug. Gemeinsames Benagen mit einem Freund macht mehr Spaß.

Die Sicherheit Deines Welpen hängt maßgeblich davon ab, ob Du kritisch seine Umwelt überwachst. Unterrichte Dich sorgfältig und handle entsprechend. Natürlich darfst Du selbst auch nicht die Umwelt verunreinigen - keinesfalls vergessen, Ausscheidungen Deines Hundes wieder zu beseitigen!

Der Erste Unterricht

Mit Deinem Welpen zu Hause angelangt, gewöhnst Du ihn an einige Grundkommandos. Natürlich müssen die Hausregeln von Anfang an bekannt gemacht werden. Das erste Wort, das ein Baby lernt, ist meist *Mama*. Das erste Wort für den Welpen lautet meist *Nein!* Auch dieses Wort *Nein* wirkt Wunder. Wann immer möglich solltest Du dieses Wort positiv aussprechen, obwohl das dumm klingt, weil es zu den grundsätzlich negativen Worten zählt. Wichtig ist immer freundlich zu sein und dabei fest zu bleiben. Mit anderen Worten - *Nein* muß zum Lernerlebnis werden - nicht einfach ein hart geschrienes Korrekturzeichen. Da Dein Welpe instinktiv Dir gefallen möchte, muß er zu verstehen lernen, daß unerwünschtes Verhalten Dir nicht gefällt. Tüchtig loben, wenn er damit aufhört!

Während der Erziehungszeiten darf der Welpe aber auch nicht übertrieben gelobt werden. Lob ist der Schlüssel für erfolgreiche Erziehung, kann aber auch als Einladung zu Übererregung und wildem Spiel falsch verstanden werden. Du darfst aber den Welpen keinesfalls von seiner Aufgabe ablenken.

Frühprägung erleichtert die Erziehung. Wenn Du Deinem Welpen Gehorsamsein angenehm machst, wird er über das ganze Leben gehorchen. Boxer-Züchter Rick Tomita verbringt viel Zeit mit jedem seiner Welpen.

Welpenerziehung braucht nicht zu vorausgeplanten Zeiten zu erfolgen. Solche Erziehungspläne führen leicht zu Frustation für Welpen wie Besitzer. Bei einem überfüllten Tagesplan ist es manchmal schwierig, sich die Zeit zu nehmen - aber noch viel schwieriger Tag für Tag immer zur gleichen Uhrzeit. Stattdessen solltest Du den Hund in jedem passenden Augenblick erziehen. Kurze, drei Minuten dauernde Lektionen führen mit Sicherheit auch zu einem gut erzogenen aufmerksamen Hund. Selbst wenn Du auf diese Art keine strenge Alltagsroutine aufbaust, mußt Du dennoch dafür sorgen, daß Du für Deinen Junghund genügend *geplante Aufbauzeit verfügbar hast.* Eine solche Zeit kann ganz plötz-

Mutter weiß es am besten... besonders wenn sie größer ist als Du. Die Mutterhündin bestraft ihre Welpen ganz selten. Auch Du mußt den Hund positiv erziehen, und er wird gehorchen.

lich eingeschaltet werden, wo immer Du Dich gerade aufhältst, nur ganz wenige Minuten mit dem Welpen spielen, sprechen, streicheln und ihm vermitteln, daß er geliebt wird, er Dir immer vertrauen kann. Besonders wichtig kann dies werden, wenn Du mehr als einen Hund besitzt. Wenn man zwei oder mehrere Hunde als *Zwingerhunde* hält, können diese zum *Hunderudel* werden, sind mehr an Hunden interessiert als an Menschen. Bei Jagdhunden und nordischen Rassen kann sich dies zum echten Problem entwickeln, denn diese sind von Haus aus bereits rudelorientierter als andere.

Grundsätzlich muß man sich mit jedem Hund einzeln befassen, zum Aufbau einer engen Beziehung mit ihm spazierengehen, spielen und ihn pflegen. Durch diese Maßnahme verändert sich das gesamte

Zwei lächelnde Pit Bull-Hündinnen in ungewöhnlicher Situation, im Bild eingefangen von Wil de Veer. Gleichgeschlechtliche Paare selbstbewußter Hunde wie diese, kommen selten so harmonisch miteinander aus.

Weltbild des Hundes, seine Bereitschaft zur Erziehung wie zum Zusammenleben.

Natürlich gibt es einige Hunde, die sich nicht mit anderen gemeinsam halten lassen. Dies gilt vor allen Dingen für gleichgeschlechtliche Paare dominanter Hunderassen wie Pit Bull Terrier, Akita Inus, Airedale Terrier und viele andere. Sie zusammenzuhalten bringt grosse Probleme. Hunde dieser Rassen streben ständig die Rudelführerschaft an, nur in Spezialsituationen leben gleichgeschlechtliche Hunde dieser Rassen friedlich miteinander. In Einzelfällen kommt es auch bei nicht gleichgeschlechtlichen Paaren zu Problemen. Die Antwort lautet ganz einfach - wenn Du Dir eine so beschützende Rasse auswählst, solltest Du am besten mit einem Hund alleine auskommen. Die meisten Vertreter dieser Rassen sind wirklich für jedermann *genug Hund!*

Die Leine fürs Leben

Verschiedene Hunde brauchen verschiedene Halsbänder. Nutze Deinen Verstand, kontrolliere das Halsband regelmäßig, sorge dafür, daß der Welpe nicht herauswächst.

Für den Hund sollte die Gewöhnung an die Leine immer Spaß machen. Beginne mit einer leichten Nylonleine, keinesfalls mit einer Kette. Die meisten Welpen kennen das Halsband schon, denn vernünftige Züchter legen bereits im Alter von drei bis vier Wochen ihren Welpen zeitweise ein Halsband an. Kontrolliere aber regelmäßig das Halsband auf richtige Größe - Welpen wachsen schnell.

Der Welpe sollte in vertrauter Umwelt sein (möglichst im Haus), lege ihm die Leine an, und laß ihn einfach damit durch die Gegend laufen. Halte ihn aber im Auge, so daß er sich nirgends verheddert oder eine Stehlampe umwirft. Nach einigen Übungen hältst Du die Leine mit der Hand fest, läßt den Hund bei seinen Spaziergängen Dich führen. Das Ziel lautet, jede Panik zu vermeiden, wenn sich die Leine durch die kontrollierende Hand spannt. Gerade dominante Welpen haben es mit der Leine schwieriger als unterordnungsfreudige Tiere. Einige Welpen werden aufjaulen, andere wieder versuchen, sich mit den Zähnen zu befreien; wieder andere setzen sich hin, schalten auf stur und bewegen sich keinen Schritt. Auf jede derartige Reaktion mußt Du vorbereitet sein. Vielleicht unternimmt Dein Junghund auch etwas völlig anderes, etwas Schöpferisches, was Dich vielleicht sogar amüsiert! Sei standhaft, lasse Dich durch den schauspielernden Welpen nicht bis zu dem Punkt bringen, daß Du Deine Polaroid-Kamera holst, der Unterricht Dir aus der Hand gleitet. Andernfalls hast Du nach kurzer Zeit eine sehr eindrucksstarke Sammlung lustiger Fotos Deines inzwischen ein Jahr alt gewordenen flegelhaften Untiers, ehe Du auch nur verstehst, wie es dazu kommen konnte. Leistet der Welpe weiter Widerstand, wirft sich auf den Boden, setzt sich oder schreit, brauchst Du einfach

Geduld, viel Geduld. Irgendwann wird er es leid. Keinesfalls solltest Du den Hund gewaltsam hinter Dir herschleifen, dies könnte bleibende Schäden auslösen. Alles ist eine Geduldsfrage! Hast Du Dir natürlich einen Riesenhund zugelegt, ist es besonders wichtig, das Problem bis zu dem Zeitpunkt zu lösen, wenn der Hund mehr wiegt als Du selbst.

Beim ersten Spaziergang an der Leine draußen im Freien langsam und behutsam beginnen. Der Hund darf alles ringsum abschnüffeln, wo immer Ihr hingeht. Eine etwas schnellere Gangart wird die ersten Male wahrscheinlich ratsam sein. Dadurch begrenzt man die Möglichkeiten des Junghundes, immer wieder stehen zu bleiben, jede Tulpe und gefallenes Blatt Laub in der Nachbarschaft sorgfältig zu untersuchen. Hast Du erst einmal Deinen Hund dazu gebracht, daß er ohne Ziehen, sich Setzen oder Kreischen mitkommt, kann alles langsamer vor sich gehen, darf er auch mehr schnüffeln. Die Nase ist das allerwichtigste Werkzeug des Hundes zur Erforschung der Umwelt. Und deshalb wäre es unnatürlich, daß er mit hocherhobenem Kopf neben Dir herlaufen sollte. Das muß er erst erlernen. Achte auch darauf, daß gerade Rüdenwelpen an jedem Baum und jedem der sprichwörtlichen Feuerhydranten ganz besondere Freuden zu entdecken wissen. Langsam entwickeln sich hier seine Instinkte, wird er das Geruchsbild anderer Rüden an den Bäumen gewahr. Beinchenheben wird dann eines Tages zu einem ganz wichtigen Ereignis. Die Freude des Hundebesitzers beim Beobachten seines kleinen Jungen, wie er langsam er-

»Das ist also ein Baum!« Die Nase des Hundes gehört zu den Naturwundern, vermittelt dem Hund mehr Informationen als er eigentlich braucht. Ein junger Belgischer Schäferhund beschnuppert die Baumrinde.

Super-Junghunde findet man nicht in jedem Wurf. Dieser Junghund wuchs sich zu Champion The Widow-Maker O'BJ aus, einem der großartigsten Akita-Ausstellungshunde und Zuchtrüden aller Zeiten. Züchter und Besitzer BJ und Bill Andrews.

wachsen wird, gleicht der Freude eines Vaters beim ersten Schritt seines Sohnes!

HERANKOMMEN

Auf Ruf herankommen ist gleichzeitig die allerleichteste und schwierigste aller Lektionen. Es klingt ganz einfach, natürlich mag Dich Dein Hund, möchte zu Dir kommen. In Wirklichkeit wirken auf ihn in dem neuen Umfeld viele Dinge interessanter als *der gute alte Daddy.* Rufe den Welpen zu Dir, beuge Dich herunter, nenne seinen Namen verbunden mit dem Kommando *Hier!* Klatsche in die Hände, setze Dich auf den Boden, lächle einladend, rufe seinen Namen als wäre er das Schlüsselwort zum Paradies. Dies ist nie der Augenblick, Autorität auszuspielen - gebrauche immer die fröhlichste Stimme, spielerischen Tonfall. Sei bei dieser Übung nicht zu weit von ihm entfernt, auf dem Weg zu Dir auch über nur zehn Meter können sich Deinem Hund viele ablenkende Gerüche oder Bilder bieten. Du darfst auch nicht von vornherein dadurch einen Fehlschlag provozieren, daß Du ihn rufst, während er offensichtlich träumend dasteht oder einer Fliege nachjagt oder anderweitig abgelenkt ist. Vergewissere Dich erst, daß er aufmerksam ist, rufe ihn dann und beharre darauf! Jetzt darf er Dich nicht mehr ignorieren! Dies ist das allerwichtigste, damit Du nicht den richtigen Weg verlierst. Dem gerade freudig abgelenkten Schüler kannst Du durchaus einen Leckerbissen bieten, ihn damit locken, zu Dir zu kommen. Es scheint eine mysteriöse Korrelation - *Verbindung* - zwischen leicht abgelenkten Welpen und angebotenen Leckerbissen zu geben.

Ein fröhliches Nachlaufspiel, das die Beziehung zwischen Herrn und Hund stärkt.

DAS SPIEL

Diese immer wieder unterschätzte und fröhliche Aktivität ist für Deinen Welpen von allergrößter Wichtigkeit. Spielen ist nie gedankenlos Umherzutoben und Nichts lernen. Im Gegenteil - Spielen bedeutet alle Freuden der Umwelt zu erleben. Im Spielen lernen Junghunde das Jagen, Schützen, Verteidigen, ausdauernd zu laufen, sich zu verstecken und vieles andere. Das Spielen fördert die Persönlich-

Spielzeiten sind die ersten Lernstunden eines Welpen. Im Spiel erkennt der Welpe seine Grenzen, Führerschaft und gute Manieren.

keit des Welpen, eine wichtige Eigenschaft jedes Haustieres, die man nie übersehen darf. Natürlich beschreibt der Rassestandard die rassetypischen Wesenseigenschaften, aber in Wirklichkeit haben keine zwei Hunde exakt das gleiche Persönlichkeitsbild. Einige recht zappelige, fast unkontrollierbare Junghunde werden zu außerordentlich zivilisierten und zurückhaltenden Erwachsenen. Andere fröhliche und gut gelaunte Welpen bewahren sich diese Eigenschaft über ihr ganzes Leben. Spiele alle möglichen Spiele mit Deinem Welpen - jedem Spielen liegen bestimmte Aufgaben zugrunde, beispielsweise dem Führer Folgen, Versteckspiel, Apportieren, Nachlaufen und vieles andere mehr. All dies gibt Deinem Welpen eine Fülle an Gelegenheit, zu spielen, zu reagieren und die eigene Persönlichkeit zu entwickeln. Wenn die Hündin mit ihren Welpen spielt, handelt es sich um Spiele zur Stärkung des Selbstvertrauens. Dabei verwandeln sich die Jungtiere zum Führer, sie dürfen im richtigen Augenblick gewinnen. Die Hündin rollt sich dabei im Spiel auf den Rücken, läßt die Welpen freudig empfinden, daß sie dominant sind. Sie lernen sich als Anführer zu fühlen. Wenn sich auch einige Hunde ihrer Natur nach immer unterordnen, die meisten Welpen genießen es, der Erste zu sein, Verantwortung zu haben - selbst für einen flüchtigen Augenblick im Welpenleben.

Apportieren ist ein besonders interessantes Spiel, es testet die Fähigkeit des Junghundes sich zu konzentrieren, entspricht seinem Wunsch sich unterzuordnen. Retriever, viele Jagdhunderassen, Pudel und einige Gebrauchshunderassen werden begeistert einem Ball oder einem Dummy nachjagen und zurückbringen; andere Welpen laufen nach, aber das Zurückbringen ist kein fester Bestandteil ihres Verhaltensinventars. Frisbeescheiben sind seit langem ein Lieblingsspielzeug, aber auch viele andere Nachjagespiele. Bei den Hundefreunden ist das Seilziehspiel in jüngster Zeit etwas unpopulär geworden, man meint, es wecke im Hund Aggressivität, mache ihn auch etwas grob für menschliche Hände. Wenn ein Welpe aber mit der menschlichen Hand gut vertraut ist, richtig behandelt wurde, ist ein solches Seilziehspiel wahrscheinlich recht harmlos. Welpen spielen auch untereinander begeistert Seilziehen - am liebsten mit dem Lieblingshemd des Herrn. Es sei aber zugegeben, wenn Du einen Vertreter der bulldogartigen Rassen besitzt (Pit Bull, Bull Terrier oder Staffordshire Terrier), könnte das Seilziehen ein Feuer aus alter Zeit wecken, das Dir weniger angenehm wäre.

Lasse Dir auch nicht einreden, jeder Hund wollte unbedingt sei-

Sechs Wochen alte Golden Retriever-Welpen beim fröhlichen Spiel. Abwechselnd gewinnen die Welpen, werden damit zum Top-Dog. *Schnell lernt jeder Welpe, daß seine Wurfgeschwister Zähne haben, die genauso verletzen können wie die eigenen.*

nem Herrn dienen. Viele der etwas zurückgezogenen und unabhängigeren Hunderassen tun in erster Linie was ihnen gefällt, weniger das, was ihr Herr gerade wünscht. Das einem Ball Hinterherjagen macht Spaß, befriedigt die Beuteinstinkte des Hundes. Den Ball nach der Jagd abzugeben erscheint für bestimmte Hunde weniger lohnend. Dein Ziel lautet, der Welpe muß lernen, daß wenn er den Ball abgibt, das ganze Spiel von neuem beginnt. Obgleich einige Welpen dies nie begreifen werden, darfst Du nicht aufgeben. Laufe auch keinesfalls dem Welpen, der den Ball trägt, hinterher, andernfalls hast Du das Spiel auf immer verloren. Richtiges Spielen mit einem zum Rudelführer geborenen Welpen - *Alpha-Pup* - erfor-

Obgleich viele Ausbilder Seilziehspiele nicht mögen, handelt es sich um ein Spiel, das der hundlichen Natur stark entgegen kommt.

Die Frisbeescheibe ist ein Lieblingsspiel zum Nachlaufen. Junghunde werden durch angenehmen Duft angelockt, die Scheibe läßt sich leicht aufnehmen.

Der Alphahund ist immer oben! Hier hat die Mutter ihren Lieblingswelpen zu übermütig werden lassen - Zeit, ihn wieder unter Kontrolle zu bringen.

dert einen Hundebesitzer mit viel Selbstvertrauen, der weiß, daß er der Boß ist. Ziel ist keinesfalls, Willen und Selbstbewußtsein des Junghundes zu unterdrücken, vielmehr sie in die richtige Richtung zu lenken. Bei solchem Spielen empfiehlt sich immer ein guter Körperspray - der selbstbewußte Junghund sollte Dich nicht beim Schwitzen ertappen! Er muß Dich als Rudelführer respektieren, wird Dir immer wieder versichern, daß er nach Dir der beste, kräftigste und tüchtigste Hund der ganzen Welt ist. Alpha-Hunde sind meist auch recht raffiniert. Um Respekt und Aufmerksamkeit eines dominanten, intelligenten Hundes zu sichern, mußt Du ihm immer *einen Schritt voraus sein.* Erfinde immer neue und kompliziertere Spiele, die Deinen Vierbeiner auf Trab halten. Nicht zu viele Wiederholungen! Sei schöpferisch, nicht voraussehbar, immer ein klein wenig geschickter als Dein kluges *Kind.*

Interessiert sich Dein Welpe wenig für Spiele, gehört er zu den scheuen, zurückgezogenen Typen, bedarf es einiger Mühe, ihn aus sich heraus zu locken. Verdirb ihn nicht, versuche immer erneut mit ihm zu spielen. Sei ausdauernd und liebevoll, und er wird sich langsam entfalten. Nie übertreiben! Langsam, von Mal zu Mal aber etwas schneller als er sich bewegt. Sei sehr freundlich zu ihm. Nach und nach beteiligt er sich am Spiel, möchte auch Neues lernen.

Ballspielen! Unabhängig von Größe, Alter oder Rasse, sie alle lieben das Spielen mit dem Ball!

Das Hundelager

Wenn Dein Schlachtruf lautete - »Käfighaltung ist Tierquälerei!« - wärest Du über die Bedürfnisse des Hundegeschlechtes absolut falsch informiert. Wußtest Du schon, daß die große Mehrheit aller Rassehundezüchter heute ihren Abnehmern empfehlen, für den Welpen einen Käfig anzuschaffen? Richtig - diese Käfige sind auch in Hundekreisen umstritten. Naturgemäß gibt es hier eine gedankliche Verbindung zu einem unangenehmen Eingekerkertsein - vergleichbar von im Zoo hinter Gittern gehaltenen Raubtieren oder Käfigen in Laboratorien. Standardbegriff ist aber nun einmal *Käfig* - und der allerbeste Käfig ist ein stabiler Drahtkäfig, obgleich einige Hunde eher einen der Transportbehälter von Fluggesellschaften zu bevorzugen scheinen - aus Hartplastik mit einer Gittertüre.

Stelle Dir den Käfig als eine industriell vorgefertigte Hundehöhle vor und denke daran, daß in der freien Wildbahn Caniden generell in Höhlen leben. Sieh im Käfig einen Zufluchtsort Deines Welpen. Der Käfig ist der einzige Platz in der ganzen Wohnung, der sein Eigen ist, wo er sicher sein kann, daß ihn niemand stört, kein anderer in sein Reich vordringt - und wofür er nicht einmal Miete zu bezahlen braucht. Dieser Käfig wird im Mittelpunkt des Wohnbereichs untergebracht, den der Welpe zur Verfügung hat. Im Käfig ruht er während der Nacht, auch zu verschiedenen Zwischenzeiten tagsüber, wenn man ihn aus den Füßen haben möchte. Entgegen all Deinen Vorurteilen wirst Du schnell feststellen, daß Dein Hund tatsächlich seinen Käfig liebt. Du solltest tagsüber den Käfig ruhig offen lassen. Wenn Dein Welpe gerade nicht mit Fressen oder Spielen beschäftigt ist, wird er sich bald in seinen Käfig zurückziehen. Viele Hunde begeben sich auch in ihr Lager mit einem Knochen, einem Lieblingsspielzeug oder einem Gegenstand, den sie verstecken möchten. Daß es *sein Käfig ist, der ihm alleine gehört* - das ist für ihn wichtig. Kein anderer hat Zutritt, hier liegt seine Sicherheit, sein Privatbereich.

Der Käfig bedeutet wirklich Sicherheit. Jeder vernünftige Hundebesitzer ist um seinen Welpen besorgt, Du kannst sicher sein, daß Dein Hund im Käfig viel besser untergebracht ist als wenn er durchs Haus läuft, Zimmerpflanzen auffrißt, Gegenstände umwirft, Elektrokabel annagt und Ähnliches. Im Käfig darf der Hund kein Halsband tragen, er könnte sich zu leicht am Gitter verfangen, in Panik geraten, sich ernsthaft verletzen. Selbst bei einem dünnen Nylonhalsband wäre Vorsicht am Platz. Feststeht, der Hund liebt seinen Käfig. Du glaubst, das menschliche Bett oder ein ausrangierter Sessel wären ihm lieber?

Dann solltest Du noch überlegen: Käfige gehören zu den erfolgreichsten Hilfsmitteln, um einen Welpen schnell zur Stubenreinheit zu erziehen.

Im Idealfall verunreinigt kein Hund sein Lager. Wo man schläft, löst man sich nicht. Dies ist ein ererbter Instinkt, gegen den ein Hund nur im äußersten Notfall verstößt. Du solltest darauf achten, daß der Käfig nicht zu groß ist, andernfalls könnte der Welpe auf die Idee kommen, die *entfernte Ecke* - wo er nicht schläft - als Lösungsplatz zu wählen. Der Käfig darf immer nur so groß sein, daß der Welpe sich darin hinlegen und sich entspannen kann. Wenn Du Dir einen großen Hund gekauft hast, kannst Du überlegen, von vornherein die richtige Größe zu kaufen - während der Wachstumsphase aber noch einen Käfigabteiler zu verwenden - in Hundefachgeschäften erhältlich - langfristig ist dies billiger, als später einen größeren Käfig zusätzlich zu kaufen. Du darfst Deinen Welpen tagsüber nicht über längere Zeit einsperren. Welpen haben einfach noch nicht genügend körperliche Kontrolle, um Wasser zu halten. Bei einigen Junghunden dauert es sechs Monate bis sie über eine Reihe von Stunden durchhalten. Von keinem Hund kann man aber erwarten, daß er einen acht Stunden-Arbeitstag durchhält - unabhängig wie sehr er Dich liebt, wie erwachsen er bereits ist.

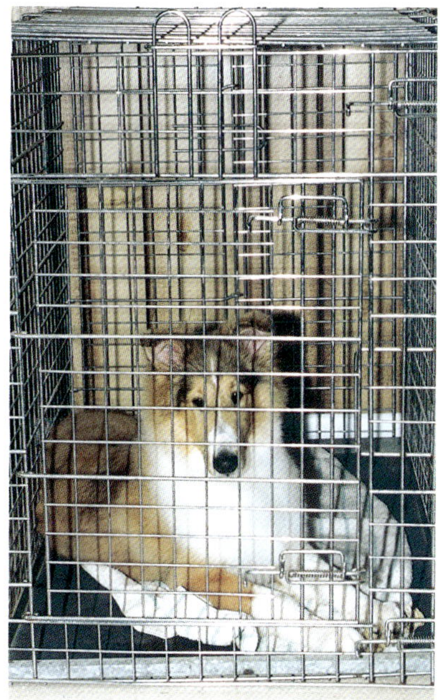

Sicherheit, Sauberkeit und Behaglichkeit, dies alles bietet ein gut ausgestatteter Käfig. Nach einer Woche vernünftiger Erziehung genießt der Welpe, eine eigene Höhle zu besitzen.

In den Käfig gehört eine kuschelige Einlage (Vetbed)! Für die Stubenreinheit birgt dies zwar die Gefahr, daß er möglicherweise hineinpinkelt, sie dann im entferntesten Winkel zusammendrückt - sich im übrigen Bereich aufhält. Welpen sind bestimmt nicht dumm - wie Du ja weißt. So etwas geschieht nur in Notsituationen, aber es kann passieren. Während der warmen Jahreszeit schlafen viele Hunde lieber auf der kalten Oberfläche des Einlegebodens im Käfig ohne Einlage. In der Anfangszeit kann man neben dem Käfig das Radio spielen lassen. Der Klang menschlicher Stimmen wirkt beruhigend, auch wenn es nicht Deine eigene ist. Wähle am besten klassische oder einfache Unterhaltungsmusik. Letztendlich soll Dein heranwachsender Welpe auch persönlichen Geschmack für alle Lebensbereiche entwickeln. Spaß beiseite - elektrischer Beat und Gitarren sind für die Hundeohren nicht gut, wirken mit Sicherheit auch nicht beruhigend. Shakespeare hat schon in aller Klarheit zum Ausdruck gebracht: »Ein Mann, nicht gerührt von der Harmonie süßer Klänge, ist bereit zu Verrat, Aufruhr und Rebellion.« Musik beruhigt die heranwachsende Bestie - in Venedig, Belmont und überall auf der Welt.

Hundefachleute warnen davor, den Käfig als Erziehungshilfmittel zu mißbrauchen. Es wäre falsch, den Hund nach einem Fehlverhalten in den Käfig zu stecken - etwa nach der Methode, wie man ein Kind in die Ecke stellt oder aus dem Zimmer schickt. Kein Hund auf der ganzen Welt könnte den Sinn einer solchen Behandlung verstehen. Hunde verstehen Strafen im menschlichen Sinne überhaupt nicht. Sie leben für den Augenblick, haben keinerlei Gefühl für Reue im menschlichen Sinne. In-den-Käfig-gesteckt-werden nach Fehlverhalten macht dem Hund deshalb auch den Käfig noch nicht verhaßt, gibt Dir als Hundebesitzer wahrscheinlich Gelegenheit, Deinen Ärger zu überwinden. Vergiß aber nicht, den Hund mit viel Freundlichkeit in sein Lager zu bringen.

ÜBERTRAGUNG DER BOTSCHAFT

Erziehung zur Stubenreinheit bedeutet, daß man den Hund lehrt, daß er sich innerhalb des Hauses keinesfalls lösen darf. Über eine Vielzahl von Jahren haben einige Fachleute empfohlen, dem Hund alte Zeitungen zum Lösen hinzulegen. Diese Erziehungsmethode ist aber keinesfalls ideal, es sei denn, Dein Ziel wäre, daß sich der Hund über sein ganzes Leben auf Zeitungen lösen sollte. Wenn Du allerdings Deinen Hund über sehr lange Zeit tagsüber alleine lassen mußt - mehr als zehn Stunden - gibt es möglicherweise keine Alternativen zur alten Zeitung als Lösungsplatz. Viel vernünftiger wäre es, eine Nachbarin oder einen Hundesitter anzustellen, die den Hund betreuen - noch besser sich überhaupt keinen Hund zuzulegen, wenn man wirklich so wenig Zeit für ihn hat. Hunde ertragen es äußerst schlecht, längere Zeit allein zu sein, ihrer Veranlagung nach sind sie Rudeltiere. Es macht dem Hund überhaupt keinen Spaß, wenn er von Dir als Rudelführer den ganzen Tag über alleine gelassen wird.

Als Erziehungsmethode sind alte Zeitungen viel weniger hilfreich als der Käfig. Hartnäckigkeit ist das Schlüsselwort für erfolgreiche Erziehung - Deine Hartnäckigkeit - nicht die des Hundes. Wenn in der Erziehung etwas schiefläuft, der Hund nicht in erwarteter Art reagiert, mußt Du Dich immer fragen: »*Was habe ich falsch gemacht?*« Du bist es, der seinen Willen durchzusetzen versucht - nicht der Welpe. Der Hund hat keine Ahnung, daß es schlichtweg schlechtes Benehmen darstellt, in die Küche zu pinkeln oder die neuen Aztekenmatten oder Perserteppiche zu verunreinigen. Natürlich - intelligente Welpenkäufer kaufen sich zumindest über ein Jahr oder etwas länger überhaupt keine neuen Teppiche. Warum sollte man sich selbst das Leben schwermachen?

Alte Zeitungen sind bestimmt keine gute Methode zum Stubenreinmachen, trotzdem läßt sich dies nicht immer vermeiden. Auch bei Menschen, die den ganzen Tag über in der Stadt arbeiten, kann kein Junghund zehn Stunden durchhalten! Der Haupteinwand gegen alte Zeitungen geht dahin, daß sie beim Hund die Vorstellung aufbaut, daß er sich in der Wohnung lösen darf. Ein erwachsener Hund kann sich in aller Regel über sechs Stunden beherrschen - dabei ist er nicht glücklich, aber er kann es - beim Welpen geht dies ganz einfach nicht. Einige Hunde halten selbst zehn Stunden durch, aber dabei belastest Du wirklich Dein eigenes Glück und seine Blase. Nur zu leicht entstehen bei einigen Rassen - beispielsweise Dalmatinern - ernsthafte Blasenprobleme. Am Ende Deiner Erziehung wird Dein Junghund in der Lage sein, etwa über sechs Stunden durchzuhalten - aber dann ist er schon so programmiert, daß er sich in der Wohnung löst.

Muß man den Hund trotzdem auf alte Zeitungen erziehen, wird ein Teil des dem Welpen verfügbaren Raums mit alten Zeitungen ausgelegt - sechs oder sieben Lagen übereinander - am besten nahe bei der Tür, die nach draußen führt. Dann lehrt man den Hund, daß es in Ordnung ist, daß er sich auf diesem Papier löst. Wenn der Welpe sich dann tatsächlich auf den Zeitungen löst, wird er so tüchtig gelobt - als würde er die Schlagzeilen selbst schreiben! Bei derartigen Gelegenheiten müssen wir unseren Hunden immer etwas verrückt vorkommen. Die Zeitungen werden entfernt und durch saubere ersetzt. Im Fachgeschäft erhältst Du eine Vielzahl guter Produkte mit Antihundegeruch. Reinige den Bereich sehr

Viele Welpen schätzen alte Zeitungen als Löseplatz - dieser Springer Spaniel-Welpe ist keine Ausnahme.

sorgfältig, andernfalls werden bald Deine Küche oder das Badezimmer unbewohnbar sein, zumindest müssen sie gegenüber allen Besuchern abgeschlossen werden. Es würde Dir nicht gefallen, wenn die *Kids* sagen: »Mit dem Welpen möchten wir nicht spielen - er stinkt!« Halte Zimmer und Junghund in angenehmem Geruch. Hier gibt es aber einen kleinen Trick! Du mußt unbedingt jedesmal ein kleines Schnipsel von bepinkeltem Papier auf den neuen Zeitungen zurücklassen, so daß sich der Welpe an seinen Geruch erinnert, der ihm signalisiert, daß er die richtige Stelle gefunden hat.

Wann immer sich der Welpe löst, lobe ihn über dem grünen Klee. Braver Hund!

Es gibt noch einen weiteren Trick. Ist der Welpe älter, wird der Papierbereich verkleinert - keinesfalls aber die Papierdicke; damit schafft man es, daß sich der Hund nach und nach auf zwei voll ausgebreiteten Zeitungsschichten löst. Denke aber daran, daß die einzelnen Bächlein größer werden, während Du gleichzeitig die Papierfläche verkleinerst. Ärgere Dich nicht über die Anzahl von Zeitungslagen - die Alternative wäre viermal täglich den Boden zu reinigen.

Indem Du gerade den Bereich an der Ausgangstür mit Zeitungen ausstattest, schaffst Du die Voraussetzung, später einige Zeitungen vor die Tür zu legen. Das zeigt dem Hund die erwünschte Richtung. Möglicherweise kannst Du den Welpen aufnehmen, ihn nach draußen bringen, wenn Du beobachtest, daß er sich zur Tür bewegt. Rede ihm gut zu, massiere sein Bäuchlein, laß im Hintergrund einen Wasserhahn plätschern, singe das Finale von Händel's Wassermusik - was immer auch das gewünschte Resultat auslöst. Wenn der Hund dann wirklich nach draußen geht, lobe ihn mit aller Begeisterung! Ist Kindheit nicht etwas Wunderbares!

Wenn Dein Ziel ist, daß Dein Junghund eines Tages wie ein großer Junge nur noch draußen pinkelt, mußt Du Dir zusätzliche Arbeit machen, ihn durch das Stadium der Zeitungen nach draußen leiten, so daß er erkennt, was Du wirklich von ihm erwartest. Einige Hunde begreifen dies nie. Daraus kann eine echte Tragikkomödie entstehen mit einem Hund, der bei einem stundenlangen Spaziergang quer durch den Park alles unternimmt, um Urin und Stuhlgang zurückzuhalten. Trotzdem gibt es eine Hoffnung! Aller Wahrscheinlichkeit nach schnuppert er an Bäumen, Büschen, Hydranten und Parkbänken und findet dabei heraus, was ein dummer anderer Hund vorher getan hat, obwohl es hier keinerlei Anzeichen von Zeitungspapier gibt. Das muß dann doch in Ordnung sein! Zumindest hoffe ich, daß Dein Hund eines Tages zu dieser Schlußfolgerung kommt.

Erziehungsplan mit Käfig

Jetzt wollen wir uns daran machen, einen eigenen Erziehungsplan zur Stubenreinheit unter Zuhilfenahme des Käfigs zu entwickeln, direkt in die richtige Richtung. Es ist nicht immer so einfach wie es klingt, insbesondere mitten in einer kalten Winternacht, wenn Deine in Pantoffeln frierenden Füße mitten im Schnee stehen, Du darauf wartest, daß Dein fröhlicher Welpe aufhört, hohe Schneehaufen zu buddeln, Deine Worte: »Pinkel doch endlich!« erhört. Aber selbst in solchen harten Nächten mußt Du es durchstehen! Ein Versuch einmal hier, einmal da - würde die Erziehung zur Stubenreinheit zu einem endlosen, hoffnungslosen, übelriechenden Job machen.

In der Erziehung zur Stubenreinheit hat Strafe keinerlei Platz. Akzeptiere diese Tatsachen und reagiere Deine Frustration auf dem Sportplatz, beim Joggen oder auf dem Tennisplatz ab, wo immer solche Möglichkeiten bestehen, aber keinesfalls an Deinem Welpen. Sei beständig - und lobe den Welpen *jedesmal,* wenn er das Richtige tut. Früh am Morgen, wenn Dein Welpe aufwacht, hole ihn aus dem Käfig, gehe sofort mit ihm in den Garten oder Park. Er muß sich lösen, noch ehe sein Tag wirklich beginnt. Gib danach dem Welpen ein kleines Frühstück und Wasser, nimm ihn wieder nach draußen, damit er mit Dir spielen kann. Das Spielen kann immer erst beginnen, *nachdem* sich der Welpe gelöst hat. Eile mit dem Welpen nicht ins Haus zurück, sobald er sein *Geschäftchen erledigt* hat, andernfalls wird er lernen, es solange wie möglich zurückzuhalten, um seine Spielzeit zu verlängern.

Unsere Erziehung sieht vor, daß der Welpe stets nach draußen kommt, wenn man ihn aus dem Käfig holt *und nach jeder Mahlzeit!* Gerade während der Erziehungszeit zur Stubenreinheit ist es manchmal weniger günstig, wenn der Hund ständigen Zugang zu Wasser hat. Du solltest ihm mit jeder Mahlzeit Wasser anbieten, auch gezielt einmal dazwischen. Wir dürfen aber nicht vergessen, was hinein kommt muß auch wieder hinaus - früher oder später... meistens früher. Den Vormittag über kann man den Junghund durchaus einige Stunden in den Käfig setzen. Am frühen Nachmittag erhält er sein Mittagessen, danach kommt der Spaziergang. Am Nachmittag wiederum ruht der Junghund im Käfig, nachdem er vorher eine zeitlang spielen durfte. Am späten Nachmittag holt man den Hund wieder aus dem Käfig und spielt mit ihm, beginnt mit einfachen Erziehungsschritten oder albert mit ihm herum. Danach erhält er sein Futter. Nach dem Abendessen folgt ein kurzer Spaziergang, danach wieder eine Ruhepause. Auch während der Abendzeit sollte man ihn wieder aus dem Käfig holen, sich mit ihm befassen. Dies wäre eine günstige Zeit für etwas Fellpflege oder kleine Erziehungsaufgaben. Soll er später ein Ausstellungshund werden, kann man beim kleinen Hund mit der ersten Erziehung zur Ausstellungspräsentation auf einem Tisch beginnen. Vor dem Schlafengehen folgt ein neuer Spaziergang, danach legt man die Nacht über den Hund in seinen Käfig zum Schlafen.

In der ersten Nacht werden die meisten Welpen unruhig sein und wimmern. Einige Züchter empfehlen, den Welpen im Käfig im Schlafzimmer unterzubringen, so daß man ihn hört und tröstet, wenn er wimmert. Andere wiederum warnen davor, man sollte keine falschen Versprechungen machen, wenn man sie danach nicht Nacht um Nacht, Woche um Woche, Jahr um Jahr wieder einlösen möchte. Sie empfehlen, den Welpen mit einem Lieblingskauspielzeug zur Nachtzeit in sein Lager zu schicken. Es gibt beim Fachhandel hervorragende Käfigeinlagen, insbesondere leicht waschbare, auch eine leichte Decke, die man am Abend zusätzlich über den Käfig legen kann, wodurch aber die Luftzirkulation nicht gestört werden darf. Mit solchen Hilfsmitteln macht man den Käfig bequemer. Natürlich muß man die Einlagen leicht waschen können, wenn der Welpe nicht dicht hält. Wenn sich der Hund aber in seinem Käfig behaglich fühlt, wird er auch meist durchhalten. Bis zur zweiten oder dritten Nacht kann man soweit sein, daß er die Nacht über durchschläft, nicht jammert, wenn man ihn zu Bett legt. Bilde Dir nicht ein, einen Welpen ohne Rückschläge stubenrein machen zu können. Sei einfach darauf vorbereitet, tadle ihn keinesfalls dafür. Im Fachgeschäft kannst Du ein geruchstilgendes Spray zur Minderung von Hundegeruch erwerben, vor allen Dingen brauchst Du aber sehr viele Papiertücher. Schnell wirst Du erste Fortschritte erkennen, mit jeder neuen Woche gibt es immer weniger *Versehen.* Laß Dich auch nicht beunruhigen, wenn über eine Woche der Hund alles vergessen zu haben scheint, was er die vorangehenden Wochen gelernt hatte. So etwas kann passieren. Bleibe ruhig und beständig

Protestaktion des Junghundes. Kannst Du sein Trommeln hören?

- und schnell wirst Du wieder im richtigen Zeitplan sein. Viele Welpen werden nach dieser Methode bereits innerhalb von zwei Wochen sauber, bei anderen dauert es vier, manchmal sogar sechs Wochen. Du darfst nie in der eigenen Aufmerksamkeit nachlassen, andernfalls könntest Du beim Gang durch das Haus »Geschenke« entdecken, die Du überhaupt nicht erwartetest. Junge Hunde sind immer einmal für eine Überraschung gut!

Irren ist menschlich

Sei Dir klar darüber, wann immer der Welpe einen Fehler macht, ist es *Dein Fehler!* Nachstehend eine Liste von Fehlern, die immer wieder bei der Erziehung zur Stubenreinheit unterlaufen:

1. Überschlagen eines Spaziergangs. Welpen müssen von Anfang an vier- bis fünfmal täglich ausgeführt werden, vom Menschen begleitet und überwacht.
2. Austauschen eines Spaziergangs gegen Hinauslassen des Welpen in den eigenen Garten. Du darfst nicht unterstellen, daß der Welpe dabei vorwiegend seine Geschäftchen erledigt. Vielleicht verbringt er die Zeit mit dem Beobachten der Nachbarskatzen, mit dem Jagen nach einem Käfer mit Umherschnuppern. Begleite ihn, nur dann weißt Du, ob *Mutter Natur* ihr Recht gefunden hat.
3. Zu lange im Käfig lassen. Nur wenn der Junghund vor dem eigenen Schlafengehen noch einmal spazierengeführt wurde, besteht die Voraussetzung, sechs bis acht Stunden durchzuhalten.
4. Samstag länger schlafen verboten! Acht Stunden Schlaf müssen ausreichen, raus gehts. Dein Welpe muß aus dem Käfig... er hat schon eine Stunde lang die Beine übereinander geschlagen, möchte so dringend lieb sein!
5. Sonntags länger schlafen ebenso verboten, siehe Paragraph 4.
6. Du hast vergessen, ihn tüchtig zu loben, wenn er das Richtige tut. Nie solltest Du etwas für selbstverständlich ansehen - nicht einmal die Geschäftchen Deines Hundes.
7. Du - (oder jemand im Haus - Frau, Kind, Liebhaber, Kindermädchen, Vogel) hast es mit Leckerbissen und Tischabfällen übertrieben. Dies kann die Körperuhr des Welpen stören. Der Käfig hält diese Uhr im Rhythmus, Du darfst sie nicht stören.
8. Du hast die Wasserschüssel zu lange herumstehen lassen. Welpen schlabbern jede Stunde, wenn sie Gelegenheit haben. Wenn Du nicht Stunde um Stunde mit Deinem Hund um den Block wandern möchtest, sollte er auch nicht jederzeit trinken können.
9. Du hast den Hund im Haus umhertoben lassen. Schlüsselwort lautet *umhertoben.* Wenn ein Welpe sich tüchtig bewegt, muß er danach auch seinen Darm entleeren können. Laß Deinen Hund nie seine *verrückten Minuten* im Haus austoben.
10. Du hast vergessen, *Vorzeichen* des Welpen zu beachten. Wenn er umherschnüffelt, an der Tür kratzt oder gar den »Welpenregentanz« veranstaltet (natürlich in Kreisen) möchte er Dir dadurch etwas sagen. Laß den Regenschirm stehen und beeile Dich nach draußen!

Unabhängig wie intelligent Dein Welpe ist, bei manchen dauert es bis zu 6 Monaten, bis sie absolut stubenrein sind. Gratulation an Dich und Deine Familie, wenn Du das bereits mit drei oder vier Monaten erreicht hast - ihr seid großartig! Wenn du aber faul wirst, der Körperkontrolle Deines kleinen Freundes zu großes Vertrauen entgegenbringst, ist dies schlicht eine Torheit - immer Dein Fehler!

GRUNDERZIEHUNG

Ich kann mir gut vorstellen, Deine Kids und Du seid außerordentlich aufgeregt, wenn der Welpe ins Haus kommt. Denke kurz darüber nach, wie sich ein kleiner fröhlicher acht Wochen alter Welpe dabei fühlt. Mit einem einzigen Wort - überwältigt! Die Welpen haben ihre ersten acht Wochen mit ihrer Mutter und den Wurfgeschwistern verbracht - wo alles warm und sicher war. Welpen kommen als reine Rudeltiere zur Welt. Wir müssen uns sensibel auf die Bedürfnisse des Welpen einstellen, wenn wir ihn an sein neues Leben mit uns gewöhnen.

AUSRÜSTUNG

Ehe Du Deinen Welpen abholst, geht es zum Großeinkauf. Es gibt eine ganze Liste von Gegenständen, die vor seiner Ankunft schon gebraucht werden. Ein gut ausgestattetes Zoogeschäft ist für einen neuen Hundebesitzer ein idealer Spielplatz. Hier gibt es immer neues Spielzeug, einen Knochen, eine Erfindung, die möglicherweise Dein Welpe im ganzen Block als erster haben wird. Beginnen wir aber mit den Grundausrüstungen:

Kleine wie große Hunde, sie alle genießen ihre eigene Höhle. Der Käfig wird zum »Schlafzimmer«.

KÄFIG. Wähle einen Drahtkäfig, der auch für den später ausgewachsenen Hund bequem ist. Es macht wenig Sinn, Käfige zu sammeln. Kaufe von Anfang an die richtige Größe, bei größeren Käfigen ergänzt von einer zeitlich notwendigen Trennwand.

SCHÜSSELN AUS ROSTFREIEM STAHL. Man braucht vier oder fünf, damit man genügend Vorrat hat. Ihr Vorteil gegenüber Pla-

Welpengitter bilden für den Hund Grenzen innerhalb des Haushalts. Schnell respektieren Welpen wie ausgewachsene Hunde das Gitter als feste Hausordnung. Man sollte es ihnen nie gestatten, die Abgrenzungen zu überklettern.

stikschüsseln liegt darin, daß man sie leicht reinigen, der Hund sie nicht annagen kann, sie genügend schwer und stabil sind.

SCHÜSSELSTÄNDER. Diese werden vom Fachhandel für große Hunderassen empfohlen, damit heranwachsende Junghunde in Zeiten loser Bänder bequemer an die Schüssel herankommen. In Fachkreisen nicht unumstritten, da es sehr an Stabilität fehlt, normale Fütterungszeiten relativ kurz sind.

WELPENAUSLÄUFE. Ideal zum Aufteilen mehrer Räume, der Fachhandel bietet eine breite und attraktive Auswahl. Gitter lassen sich leicht aufstellen, schützen Junghunde in der Wohnung vor Gefahren. Wird der Junghund größer und stärker, haben die Welpenausläufe unverändert ihre Bedeutung. Der Hund weiß zwar, daß er darüber klettern könnte, aber er hat gelernt, den Auslauf als seine Grenzen zu respektieren.

KAUKNOCHEN. Hier gibt es eine riesige Auswahl auf dem Markt, achte auf Qualitätsprodukte führender Hersteller. Selbst wenn ein Kauknochen teurer erscheint, es billigere Produkte gibt, das bessere Produkt kann dennoch preiswerter sein. Welpen brauchen für Kieferentwicklung, Zahnwachstum und Zahnreinigung Kaumöglichkeiten, sind diese nicht stabil, meist ist das Mobiliar gefährdet.

LEINE UND HALSBAND. Ein Muß für jeden Hund. Das Halsband ist notwendig, damit der Welpe leinenführig wird, bei Fuß geht. Metallwürger sind nicht empfehlenswert, sie schädigen das Hundefell, insbesondere bei Rassen mit längerem oder langem Fell. Nylonhalsbänder und gute Lederhalsbänder sind bei weitem zu bevorzugen. Für einen Ausstellungswelpen empfiehlt sich auch ein dünneres Ausstellungshalsband. Die Leine sollte etwa 1,80 Meter lang sein, Lederleinen werden empfohlen.

BÜRSTEN UND KÄMME. Je nach Rasse braucht man zur Fellpflege die richtigen Bürsten und Kämme. Die meisten Hunde lassen sich vorzüglich mit einer Bürste mit Naturborsten pflegen, bei gewissen Fellarten braucht man aber auch Gummi- oder Stahlbürsten.

Für Terrierrassen braucht man einen Trimmkamm. Zur Flohbekämpfung empfiehlt sich ein engzahniger Kamm. Für Hunde mit dickem schwerem Fell sind Kämme zum Auflösen von Verfilzungen wichtig.

SCHAMPUN / *Conditioner.* In jedem Fachgeschäft erhält man Markenprodukte. Man achte auf die Gebrauchsanweisung. Es gibt eine Vielzahl hochwertiger Produkte, einige Rassen - insbesondere glatthaarige Hunde und Toys - brauchen sehr milde Rezepturen.

FUTTER UND FUTTERERGÄNZUNGEN. Am besten läßt man sich vom Züchter beraten. Für das Verdauungssystem des Welpen ist es am besten, wenn das Aufzuchtfutter nicht sofort gewechselt wird. Eine langsame Umstellung auf eine andere Marke ist möglich, aber nicht in den ersten Tagen.

Für bestimmte Welpen während ganz bestimmter Altersstufen empfehlen Züchter Ergänzungsstoffe von Vitaminen und Mineralien. Vorsicht - zu viel ist ebenso schädlich wie zu wenig. Einige Zusatzstoffe verbessern das Fell von Ausstellungshunden. Auch in dieser Frage sollte man sich aber jeweils mit dem Züchter, vernünftigerweise auch mit dem Tierarzt abstimmen.

Wichtige Aufzeichnungen

Direkt nach dem Kauf solltst Du Deinen Welpen beim Tierarzt vorstellen. Natürlich brauchst Du hierzu schriftliche Unterlagen des Züchters und des zuvor betreuenden Tierarztes. Es ist außerordentlich gut, frühzeitig mit dem Tierarzt eigener Wahl ein gutes Verhältnis aufzubauen. Direkt hinter Dir steht als bester Freund Deines Hundes der gute Tierarzt. Sollte es sich herausstellen, daß Dein Tierarzt die von Dir ausgewählte Hunderasse - möglicherweise auch Deinen Hund - nicht mag, solltest Du Dir unbedingt einen anderen Tierarzt suchen. Das ist dann das kleinere Übel.

Für Junghunde im Zahnwechsel braucht man geeignetes Kauwerkzeug, nicht zu hart, dem zarten Zahnfleisch und den durchbrechenden Zähnen angepaßt.

Eine sichere Identifikation Deines Hundes ist ausserordentlich wichtig - Menschen verlieren ihre Hunde - Hunde werden gestohlen - Hunde laufen weg. In vielen Verordnungen ist bereits festgelegt, daß man Hunde jederzeit identifizieren können muß. Zur Hundemarke solltest Du noch Deinen genauen Namen, Adresse und Telefonnummer am Halsbandanhängsel hinzusetzen. Ideal ist die heute weit verbreitete Tätowierung der Rassehunde durch die einschlägigen Zuchtvereine - in aller Regel im linken Ohr. Diese Tätowiernummer zeigt meist die Eintragungsnummer des Hundes beim Zuchtverein. Zunehmend populär wird auch die Einpflanzung von Mikrochips, wodurch der Hund laufend und zuverlässig identifiziert werden kann. Bringe die Eintragungspapiere, Ahnentafel und Impfzeugnisse an einem sicheren Ort unter, so daß sie jederzeit zugänglich sind.

Nicht alle Hunde sind gleich geboren

Wir gehen einmal davon aus, daß Du Deinen Welpen von einem verläßlichen Menschen gekauft, Dich genau über die Rasse infor-

»Warum nur ein Weimaraner?« Ein Weimaraner kann nicht wie ein Border Collie Schafe hüten, ein Border Collie kann nicht so schnell rennen wie ein Greyhound, und ein Greyhound kann nicht wie ein Weimaraner jagen. Das sind Rasseinstinkte!

miert hast, Du Dir auch Deiner Verantwortung für das Tier voll bewußt bist. Jetzt ist es Zeit, Unterrichtsstunden im *Denken wie ein Hund* zu nehmen - zumindest solltest Du wissen wie Hunde denken. Sehr viel von dem, was Hunde denken, fühlen und wie sie handeln wurzelt in Instinkt, genetischer Abstammung und Zucht.

Nicht alle Shibas sind gleich, aber sie alle sind dem Rest der Hunde gegenüber überlegen - das glauben sie zumindest.

Nicht alle Hunde sind gleich geboren. Einige Hunde sind von Natur aus geschickter, anpassungsfähiger als andere, andere Hunde sind wieder aggressiver oder aufgeschlossener, einige kräftiger, einige schwächer... Wenn Du sehr viel über die Instinkte des Hundes lernst, weißt, wie Hunderasse und Hundetyp diese Lernfähigkeit beeinflussen, wird Deine Aufgabe als Erzieher viel einfacher.

Achtung! Hier folgt ein kurzer Überblick über die Welt unserer

Ein nachdenklicher Pit Bull und ein wohlbehütetes Baby - beide Bestandteil der Schöpfungsgeschichte.

Hunde. In welche Gruppe gehört Dein Hund? Wenn Du einen Mischling hast, könnte es sich um die Mischung einer Reihe verschiedener Rassegruppen handeln.

TERRIER sind Hunde, die für die Jagd auf Raubzeug unter der Erde gezüchtet wurden. Sie haben ausgeprägte Grabeinstinkte, sind meist recht hartnäckig. Der Grad solcher Hartnäckigkeit variiert von Rasse zu Rasse, von Linie zu Linie. Du mußt aber wissen, daß diese Eigenschaft das Überleben des Terriers gegenüber einem in die Enge getriebenen Fuchs, Dachs oder Ratte garantierte. Werden Terrierrassen schon über längere Zeit als Ausstellungshunde gezüchtet, sind diese Linien meist weniger eigenwillig als die für die Jagd gezüchteten Linien. Offensichtlich lassen sich Scottisch-, Yorkshire- und Norwich Terrier leichter erziehen als Rat Terrier oder Patterdale Terrier. In der Praxis haben Terrier wenig Probleme damit, Kommandos zu verstehen, zu wissen, was man von ihnen erwartet. Sie sind aber nicht sehr unterordnungsfreudig! Diese Hunde fordern viel Geduld, da sie ziemlich hartnäckig ihre eigenen Ziele verfolgen.

Terrier sind leicht zu motivieren, sind der Auffassung »tu es einfach!«. Manchmal wirken sie eigenwillig und wenig kooperativ, besonders wenn man sie mit zu vielen Kommandos überschüttet.

Terrier - wörtlich übersetzt Erdhunde - sind untereinander territorial und selbstbewußt. Diese beiden Airedales, die Größten unter den Terrierrassen - messen ihre Kräfte gegeneinander.

HÜTEHUNDE - beispielsweise Border Collie, Deutscher Schäferhund, Belgische Tervueren - wurden dazu gezüchtet, Schafe zu hüten und treiben, in aller Regel nach Anweisung ihres Schäfers. Diese Hunde können bis zu hundert verschiedene Kommandos unterscheiden - in der Regel Rufe, Handsignale oder eine Kombination von Handsignalen mit Pfeiftönen. Diese Hunde sind recht unterordnungsfreudig, haben dennoch auch ihren eigenen Willen. Einige sehen im Border Collie den *smartesten aller Hunde.*

Das Zusammenhalten der Herde ist die angeborene Aufgabe des Schäferhundes, ganz gleich ob die Herde aus Schafen oder Zweibeinern besteht.

Ein besonderes Persönlichkeitsmerkmal der Hütehunde macht sie zu idealen Schülern und Lebensgefährten, nämlich ihre Neigung, sich *eng mit ihrer Herde zu verbinden,* auch mit der Familie oder dem Rudel. Diese Hunde werden alles für Dich tun, zeigen sich auch

Viele halten den Border Collie für einen der intelligentesten unter den Hunden. Seine ursprünglichen Aufgaben erfüllt er mit Präzision und Bestimmtheit.

Bei den Mastiffs überragen zuweilen Größe und Kraft des Körpers alles andere. Viele gute Hundeausbilder finden diese Rasse ebenso intelligent wie zahlreiche andere.

schwierigen Anforderungen gegenüber sehr aufgeschlossen und wissen sie zu meistern.

MOLOSSER-artige Rassen wie English Mastiff, Bullmastiff und auch Rottweiler sind in der Regel dominante und wehrhafte Hunde. Sie fordern einen festen, zielbewußten Führer, den sie respektieren können. In ihrer Jugendzeit noch ehe ihr ganzes Körpergewicht voll entwickelt ist - müssen sie lernen, ihre schützende und dominante Veranlagung zu kontrollieren, später wäre einfach zu viel Körpergewicht zu beherrschen. Diese Hunde können außerordentlich intelligent sein, erlernen ihre Aufgaben auch bei nur wenigen Wiederholungen. Aber ein gelangweilter Mastiff ist nichts anderes als ein großer, unaufmerksamer Schüler, ein Rückschlag für das persönliche Selbstwertgefühl des Erziehers. Halte die Lektionen kurz, ermüde den Hund nicht mit zu vielen Wiederholungsaufgaben.

NORDISCHE HUNDERASSEN wie Spitz und Huskies sind in der Regel recht

Der Mastino Napoletano-Junghund ist mehr durch seine Masse und Gestalt als durch seinen Verstand eingeschränkt.

unabhängig, weniger darauf ausgerichtet, sich ihrem Herrn zu unterwerfen. Zur Arbeit der nordischen Hunde gehörte das Ziehen schwerer Lasten und Schlitten, in erster Linie sind diese Hunde stark rudelorientiert. Für sie sind Menschen meist weniger interessante Lebensgefährten als andere Hunde. Dementsprechend bedarf es bei diesen Rassen einiges mehr an Durchsetzungsfähigkeit und Energie, um ihre Aufmerksamkeit zu finden. Gerade Schlittenhunde waren Menschen gegenüber ziemlich unabhängig, mit Ausnahme eines gelegentlich großen Stückes Fisch und eines aufmunternden Klapses als im Geschirr laufender Rudelhund.

Der Samoyeden-Welpe bindet sich schnell an den von ihm angebeteten Menschen, ist wahrscheinlich einer der liebevollsten unter den Nordischen Hunden

Siberian Huskies wurden zum Ziehen von Lasten über weite Entfernungen durch Eis und Schnee gezüchtet. Heute trifft man Huskies mehr beim Formen von Schneemännern an als beim Ziehen von Schlitten durch die Tundra.

Wasserhunde wie der Chesapeake Bay Retriever können die meisten olympischen Athleten im Schwimmen wie Laufen übertreffen. Der breite kräftige Kopf des Chessies versetzt ihn in die Lage, auch größere Vögel wie Ente und Fasan zu apportieren.

JAGDHUNDE - vor allem Retriever, Cocker, Springer und Wachtelhund - wurden gezüchtet, um vor der Flinte zu arbeiten. Dies sind außerordentlich gehorsame Tiere, sie leben um zu gehorchen, ihren Herren zu dienen. Diese Hunde lassen sich für erstaunliche Aufgaben ausbilden, sind darauf programmiert, so viele Stunden wie möglich in Feld und Wald zu arbeiten. Auf der anderen Seite werden Jagdhunde leicht durch jedes Zwitschern und Flattern abgelenkt, das ihre Ohren, Augen oder Nase erreicht. Ausbilder empfehlen mit der Erziehung im Haus zu beginnen, unter kontrollierten äußeren Verhältnissen. Außerdem brauchen diese Hunde reichlich Auslauf, ehe man sich daran macht, ihre Aufmerksamkeit für Unterordnungserziehung auf sich zu konzentrieren.

FÄHRTENHUNDE wie Hannoverscher Schweißhund, aber auch Beagles, Foxhounds und Bassets, lernen im allgemeinen langsamer. Schwerere Fährtenhunde wie der kräftige Blood-

Der Vizsla besitzt als Allzweckjagdhund hohes Ansehen. Wie die anderen Vorstehhunde zeigt der Vizsla überlegene Intelligenz und außerordentlich gute Erziehbarkeit.

hound arbeiten in aller Regel besonders ruhig. Auch wenn sie bei gestellten Aufgaben und Kommandos langsamer reagieren, sind *Hounds* keinesfalls weniger intelligent, vielmehr langsamer, nur weniger leicht zu interessieren. Diese Hunde sind von ihrer Veranlagung her weniger reinlich, wurden über viele Generationen weitgehend in Zwingern gehalten, nicht als Lebensgefährten im Haus. Die Erziehung zur Stubenreinheit macht bei allen Zwingerhunden zusätzliche Arbeit. *Hounds* sind nasenorientierte Hunde, können wie Jagdhunde leicht durch Gerüche im Freien abgelenkt werden, etwa durch die Spur einer verwundeten Taube. Unabhängig davon sind *Hounds* recht gutartige Hunde, bieten geduldigen, schöpferischen Besitzern besonders viel.

Eine Meute kleiner französischer Jagdhunde. Der Petit Basset Griffon Vendéen gewinnt leicht Freunde, auch unter seinen Artgenossen.

Ein Basset Hound-Welpe wirkt zuweilen nachdenklich und eigenwillig. Von Hause aus ist er ein ziemlich tiefgestellter, brauchbarer Meutehund.

Die Augen des Windhundes können Beutetiere in weiter Ferne erspähen. Der Whippet gewinnt die meisten Windhunderennen, ist seinem zweibeinigen Besitzer immer eine Meile voraus.

WINDHUNDE - Greyhounds, Afghanen, Whippets, Barzois - sind recht muntere Hunde, müssen mit außerordentlichem Einfühlungsvermögen erzogen werden. Harte Behandlung oder Strafe könnten jeden Schüler ruinieren. Dies sind energiegeladene Hunde, sie brauchen sehr viel täglichen Auslauf, ehe man sie ausbilden kann. Windhunde sind ausserordentlich *beuteorientiert,* werden in einem Sekundenbruchteil davonstürmen. Die meisten Windhunde sind sehr freundlich, erwarten als anbetungswürdige Mitgeschöpfe behandelt und respektiert zu werden.

Diese Greyhounds in Rennkleidung erfreuen sich des Titels des schnellsten Hundes auf Erden.

Die TOYRASSEN sind hinsichtlich Herkunft und Aufzuchtanforderungen sehr unterschiedlich. Allgemein gesprochen werden Kleinhunde in der Regel zu sehr verwöhnt. Ihre Erziehung sollte sehr früh beginnen - und immer mit großer Beharrlichkeit! Viele der Kleinhunderassen stehen gegenüber ihren Herren in einer außerordentlich starken Abhängigkeit, gleichzeitig zeigen sich genau diese Hunde sehr frühzeitig übermäßig dominant. Feste, aber freundliche Disziplin ist der Schlüssel zur Erziehung des Kleinhundes. Dies sind smarte kleine Hunde, die bei ungenügender Beaufsichtigung und fehlender Erziehung recht zerstörerisch und tödlich gelangweilt werden können.

Ein Zwerghund paßt in jeden Haushalt. Dieser langhaarige Pomeranian ist ein Zwergspitz, der luxuriöses Leben liebt.

Kein Spielzeug, dennoch wirkt der Bichon Frisé wie eine echte Puppe, nicht aus Porzellan, sondern recht robust. Ein Kleinhund mit perfektem Wesen für Kinder wie Erwachsene.

MISCHLINGE sind entweder unbekannter Abstammung oder Kreuzungsprodukte bekannter Rassehunde. Eindeutige Aussagen sind sehr viel schwieriger als viele denken, denn diese Hunde demonstrieren das Verhaltensinventar der Rasse, der sie am nächsten kommen. Ein Beagle-Bedlington-Mischling, der im Äußeren in erster Linie einem Beagle gleicht, verhält sich meist auch vorwiegend wie ein Beagle. Die meisten Mischlinge können deshalb in der Regel dem Hundetyp oder der Hunderasse zugeschlagen werden, der sie im Typ am meisten ähneln. Ein Mischling, der wie ein Terrier aussieht, handelt meist wie ein Terrier, ein Hund, der einem Spaniel ähnelt, verhält sich auch wie dieser. Leider ist der genetische Hintergrund eines Mischlings oft so verschiedenartig und gemischt, daß man überhaupt nichts Genaueres mehr sagen kann.

Zu den wichtigen Faktoren, welche die Erziehungsfähigkeit eines Hundes beeinflussen, gehören individuelle Persönlichkeit, Aufzucht und Sozialisierung, Auslauf, Ernährung, möglicherweise noch sein Horoskop und seine Stimmung. Ebenso natürlich spielen bei der Erziehung eines Junghundes auch Persönlichkeit, Stimmung, Wissen und Hingabe seines Erziehers eine große Rolle. Möglicherweise beeinflußt sogar das Horoskop des Lehrers seine Ausbildungsbegabung. So scheint es wenig wahrscheinlich, daß ein dominanter Löwendompteur besonders gut mit einem empfindsamen, leicht zu entmutigenden Rassehund zurecht kommt - etwa mit einem Saluki oder einem anderen Windhund. Zu ihm paßt meist ein Molosser besser. Der Saluki kommt wiederum mit einem kreativen, empfindsamen Ausbilder des Sternzeichens Krebs gut zurecht. Diese empfehlen sich auch besonders für nordische Hunderassen, diese fordern Einfühlsamkeit und Originalität. Ausbilder des Sternzeichens Stier bewähren sich am besten bei Bulldograssen. Freundliche und sanfte Erzieher

Mischlinge haben viele Freunde! Obwohl Du nie genau weißt, wie groß sie werden, wachsen sie sich meist zu gesunden und liebevollen Hunden aus.

Ein eigenwilliger, selbstbewußter Hund braucht einen konsequenten Besitzer. Dieser lederbekleidete Junge hat sich zum Ziel gesetzt, selbst einmal einen solchen Hund zu beherrschen.

des Sternzeichens Waage kommen am besten mit leicht lenkbaren Windhunden und ruhigen Toyrassen zurecht. Erzieher des Sternbereichs Steinbock werden besonders gut mit Hütehunden fertig, während Ausbilder des Sternzeichens Fisch am besten Hundeerziehung gänzlich meiden, dafür mit Goldfischen gut zurecht kommen.

Zurück von den Sternen! Wie freundlich ist Dein Welpe? Ist er unsicher, scheu oder nervös? Ist er hyperaktiv oder leicht erregbar? Seine Welpenpersönlichkeit wird die Lernfähigkeit und Konzentrationsmöglichkeit positiv oder negativ beeinflussen. Muntere, freundliche Hunde lassen sich viel leichter erziehen als scheue oder sprunghafte. Der eigenwillige oder aggressive Hund erfordert eine festere Hand als der leicht erziehbare, ruhige, unterordnungsfreudige. Der dickköpfige Hund braucht einen intelligenten hartnäckigen Besitzer, der sich nicht leicht verwirren läßt. Der unabhängig veranlagte Hund muß durch viel Streicheln und Liebe dazu gebracht werden, seine Liebe

Geduld und Lob sind die Schlüsselworte zur Erziehung des Bulldogs. Diese Hunde brauchen vernünftige Besitzer, die genügend Zeit aufbringen, um Persönlichkeit und Rasse eingehend zu studieren.

und sein Vertrauen auf seinen Herrn zu konzentrieren. Der faule und bequeme Welpe braucht zur Motivation einen begeisterungsfähigen Besitzer, der ihm Freude an der Arbeit vermittelt. Letztendlich gibt es für jeden Hund den optimalen Lehrer und die optimale Erziehungsmethode.

Aber unabhängig von Persönlichkeit und Veranlagung - *jeder Hund braucht einen geduldigen Lehrer,* der sich die Mühe macht, seinen Hund kennen zu lernen, die Erziehungsmethode herausfindet, mit welcher der Einzelhund am besten zurechtkommt.

DISZIPLIN UND AUSBILDUNG

Die Erziehung muß immer einfach und erfreulich verlaufen. Setze den Welpen nicht unter Druck, erwarte nicht zuviel auf einmal von ihm. Denke immer daran, der Welpe ist ein unfertiges Geschöpf, körperlich wie wesensmäßig. Dein großer Vorteil ist sein meist vorhandener Wunsch, es Dir recht zu machen - die allerwichtigste Voraussetzung für jede Erziehung. Versuche nie mehr als ein Kommando gleichzeitig zu lehren. Die Konzentrationsfähigkeit des Welpen ist außerordentlich kurz. Mit acht oder neun Wochen kann sich ein Welpe allerhöchstens fünf Minuten konzentrieren - und das nur an einem guten Tag. Dies wächst mit der Zeit. Habe Geduld und erfreue Dich der Jugend Deines Hundes. Wann immer er etwas richtiges tut, wird er gelobt. Jedes moderne Erziehungsbuch empfiehlt tüchtiges Loben! Danach solltest Du Dich richten - warum darüber streiten, wenn es zum Erfolg führt?

Du solltest immer klarmachen, welche Deiner Schuhe der Junghund benagen darf. Wie die meisten von uns wird er - wenn er die Wahl hat - rote Pumps bevorzugen!

Konsequenz ist ein weiterer Baustein für eine gute Erziehung. Stelle klare Regeln auf, denen sich der Welpe tagtäglich gegenüber sieht - *wir urinieren nicht im Haus; wir sitzen nicht auf den Möbeln; wir zerrupfen nicht Mutters Strickzeug!* Alles ist für den Welpen neu, leicht überwältigt es ihn, wenn Du nicht konsequent bist, ihm nur unklare Hinweise gibst. Beginne nicht mit der Ausbildung, wenn der Welpe angespannt ist, noch nicht genügend Zeit hatte, Energie abzulassen.

Gib dem Welpen zunächst seinen Auslauf, etwas Spiel. Warum solltest Du Dich der vollen Energie des Hundes aussetzen? Dies gilt insbesondere dann, wenn man dem Welpen das bei-Fuß-Gehen beibringt. Du möchtest doch nicht nach der ersten Lektion bei Fuß mit halb erhängtem Welpen nach Hause kommen.

Erwartest Du wirklich einen gut erzogenen Hund, mußt Du Dir von Beginn an darüber im klaren sein, daß *Strafe in der Hundeerziehung keinen Platz* hat. Präzise ausgedrückt - Korrekturen ja - Strafen nein! Unter Korrekturen verstehen wir, daß unmittelbar mit dem falschen Tun dem Hund deutlich *Nein* klar gemacht wird.

Als abschreckendes Beispiel das Kind, das gerade voll mit sich beschäftigt im Zimmer sitzt. Plötzlich stürzt die wütende Mutter mit dem Holzlöffel kreischend ins Zimmer. Das Kind hat keinerlei Ahnung, was seine Mutter gerade herausgefunden hat, das Unglück im Sandkasten oder die Katastrophe mit der Seife schon vor längerer Zeit. Oder weiß das Kind es doch? Dann hämmere Dir noch einmal ein - *Welpen sind keine Menschen!*

Du selbst schaffst Dir Deinen Hund! Anfänglich ist Dein Junghund nur ein leeres weißes Blatt, zuweilen mit schwarzen Flecken darauf.

Wenn Du einen Welpen dafür auszankst, weil Du im Spielzimmer vor drei Minuten einen Haufen entdecktest oder Deine Lieblings-Hush-Puppys angekaut herumliegen, bedeutet dies für Deinen Welpen *überhaupt nichts!* Du mußt den Hund *buchstäblich immer auf frischer Tat ertappen!* Einige Verhaltensforscher behaupten, daß Du genau siebeneinhalb Sekunden hast, um ein bestimmtes Verhalten zu korrigieren - danach ist es vom Hund vergessen. Selbst dieser Zeitraum scheint noch vielen Kennern als zu lang. Einige törichte Ausbilder behaupten, der Welpe könnte sein Fehlverhalten erkennen, wenn man mit ihm jetzt zu dem Haufen geht und ihm deutlich *Nein!* sagt. Ja, er kann erkennen, daß etwas falsch ist. Was er aber mit Deinem Kreischen in Verbindung bringt, ist völlig unklar. Genauso gilt dies für Deine Lieblings-*Hush-Puppies.* Vielleicht glaubt er, Du mögest diese Schuhe nicht mehr. Vielleicht solltest Du Dir nächstes Mal italienische Maßschuhe kaufen?

Eines ist aber völlig klar! Du behandelst einen Welpen unfreundlich - und aus Gründen, die ihm absolut verschlossen bleiben. Wenn Du Deinen Hund auf frischer Tat ertappst, kannst Du ihn möglicherweise bestrafen. Einige Erzieher empfehlen, ihn auf eine halbe Stunde zu isolieren. Richtig daran ist, Welpen hassen es, ignoriert zu werden. Völlig unklar bleibt aber, wie der Welpe sein Fehlverhalten mit seinem augenblicklichen Zustand des Ausgeschlossenseins verbinden soll. Hunde leben immer für den Augen-

Unschuldig bis zum Beweis des Gegenteils! »Jungsein und demokratisch« - die Lebensphilosophie des Rottweilers.

blick. Sie befassen sich mit den Dingen, denen sie sich gegenübersehen. Hunde machen sich nie Sorgen, wie wir Menschen es nun einmal tun.

Wie soll man aber den Welpen korrigieren, wenn *Nein!* nicht genügt? Sicher ist, den Hund mit der Hand zu strafen, ihn mit der gefalteten Zeitung zu verprügeln oder ihm die am nächsten stehende Topfpflanze nachzuwerfen gehört nicht zu den Möglichkeiten. Unter gar keinen Umständen darfst Du je einen Hund schlagen. Schlagen ist nicht tiergerecht, übermittelt dem Hund nichts. Seine Mutter hat ihn nie geschlagen! Deine Möglichkeiten sind ein festes *Nein!* Während dieses Nein-Sagens kannst Du noch eine Klapperbüchse einsetzen. Dies unterstützt Dein *Nein!* - Hunde hassen dieses Geklappere. Die Klapperbüchse ist einfach herzustellen, man wirft einfach eine handvoll Kiesel in eine Blechbüchse.

Wenn Du Deinem Hund gegenüber immer ermutigend und liebevoll bist, weiß er schnell bei einem harten NEIN!, *daß er etwas tut, was Du nicht magst.*

Wenn es ganz besonders schlimm ist, könntest Du den Welpen kurz am Hals schütteln, auch seine Mutter hätte ihn so gepackt. Leinenkorrekturen ermöglichen auf der anderen Seite durchaus einen kurzen festen Leinenruck, um die Aufmerksamkeit des Welpen wieder auf die Erziehung zu konzentrieren.

Wann immer Du Deinen Welpen korrigierst - das allerwichtigste danach ist nach der Korrektur das tüchtige Loben für erreichtes Wohlverhalten. Hunde lernen nicht aus dem negativen *Nein,* sie lernen nur durch das Positive - wenn richtiges Verhalten belohnt wird. Sobald deshalb der Hund mit dem Kläffen, Graben oder Hochspringen aufhört - sofort ist es Zeit, ihm zu sagen, daß alles richtig ist!

Um Deine Bindung zum Hund noch zu verstärken, mußt Du ver-

Der Hundekuß bedeutet, daß der Hund Deine dominante Stellung anerkennt, analoges gilt für Futterbetteln. Laß es Dir nicht anmerken - lächle und erfreue Dich Deiner Stellung als Top Dog.

stehen lernen, wie ein Hund denkt. Nur dadurch kannst Du seine Körpersprache begreifen, erkennst, was er wirklich verstehen kann und was nicht. Natürlich wissen wir, der Hund wird nie *Deine Sprache sprechen* - ebenso wenig kannst Du mit ihm in seiner eigenen Sprache kommunizieren - selbst wenn Du ganz erstklassig zu knurren verstehst. Gebrauche deshalb Deine eigene Sprache in der für den Hund effektivsten Art. Wähle einfache, einsilbige Worte für jedes Kommando (Nein, Hier, Sitz, Bleib, Fuß, Platz, Pfötchen...). Für den Hund selbst solltest Du einen Namen wählen, der sich immer auf zwei, maximal drei Silben kürzen läßt. Es wäre schlichtweg töricht, einen vielsilbigen Hundenamen zu wählen, den Du nie schnell aussprechen kannst. Wie schon T.S. Eliot spottete, selbst *Asparagus* wurde immer zum Rufnamen auf *Gus* verkürzt. Natürlich weißt Du, Hunde können Worte menschlicher Sprache nicht verstehen, aber - sie erkennen viel aus dem menschlichen Tonfall. Sie zeigen sich gegenüber Aufregung, Ärger, Zögern und Lob in Deiner Stimme bemerkenswert empfindsam. Deshalb läßt sich trefflich darüber streiten, ob ein Hund den Inhalt eines kompletten Satzes versteht, wenn er in einem Tonfall gesprochen wird, den er kennt.

Wenn Du den Hund rufst, hebe Deine Stimme an, um ihn aufmerksam zu machen. Laß Deine Stimme lebhaft und angenehm klingen, und er wird es Dir lohnen. Bei einem Kommando, das nicht verlangt, zu Dir zu kommen, kannst Du ruhig einen mittleren oder dunkleren Tonfall wählen - etwa bei den Kommandos *Bleib!* oder *Platz!* Bei Kommandos wie *Hier!* oder *Sitz!* sollte Deine Stimmlage etwas höher sein. Das weckt seine Aufmerksamkeit, fordert die Bereitschaft, das Kommando auszuführen.

Futterbelohnungen während der Erziehung unterliegen im-

Immer der Chefin hinterher - das ist die Devise! Mach das Herankommen zum Spiel, beginne schon sehr früh mit der Erziehung.

Die immer spannende Frage »liebt mein Hund mich oder meine Käseleckerchen?« beschäftigt die Menschen schon seit undenklichen Zeiten. Was soll's - solange der Hund gehorsam und fröhlich ist!

mer der persönlichen Entscheidung des Erziehers. Viele Ausbilder glauben, der Hund sollte auf das Kommando gehorchen, weil dies von seinem Herrn kommt, weil er seinem Herrn gefallen möchte, nicht weil er in allererster Linie Appetit auf Schweizer Käse hat. Jeder Ausbilder muß aber zugeben - Futterbelohnungen funktionieren vorzüglich! Da jede Ausbildung immer erneute die Wiederholung von Kommandos und Übungen erfordert, machen Futterbelohnungen den Lernprozeß interessanter, sind ein Dankeschön. Natürlich sollte für den Hund das Lob immer die erste Motivation sein, aber für einige Hunde reicht dies schlichtweg nicht aus. Mit der Zeit wird der Hund auch ohne anschließende Belohnung Kommandos gehorchen, bedarf es keiner zusätzlicher Leckerbissen, reicht ein freundlicher Klaps.

Tatsache ist, heute gibt es Hunderte von verschiedenen Erziehungsbüchern auf dem Markt. Wenn dabei dem Leser das Verstehen schwerfällt, dann liegt dies meist daran, daß sich die Ratschläge oft

Bist Du sicher, daß Dein Hund seine Aufmerksamkeit auf Dich gerichtet hat? Wenn nicht, könntest Du Dich auch hinhocken und es selber tun!

wie ein sehr kompliziertes Rezept anhören, als ginge es darum, dem Welpen Schachspielen beizubringen. In diesem Buch versuchen wir gar nicht erst, einen Katalog notwendiger Kommandos Schritt für Schritt aufzustellen. Unser Ziel ist vielmehr hier klar zu machen, was das Erziehungsziel ist, welche Probleme dabei möglicherweise auftauchen. Bei Bedarf greifen wir gerne auf verschiedene Ratschläge von Spitzenausbildern zurück. Achte darauf, nur bei einem ausgeruhten Hund, der zunächst Gelegenheit zum Spiel hatte, beginnen wir mit der Erziehung. Jede Lektion muß kurz und angenehm verlaufen. Der Welpe wird für jede Kleinigkeit gelobt. Bleibe konsequent, meine auch das, was Du sagst. Gib Dich nie mit einem halb ausgeführten Kommando zufrieden. Beende jede Lektion positiv, andernfalls wird es Dein Welpe bald leid, mag er die Erziehungsstunden immer weniger. Erziehung muß Spaß machen! Dein Welpe sollte jeder Lektion fröhlich entgegensehen, vor allen Dingen, weil es seine Lieblingsperson ist, die Zeit mit ihm verbringt. *Und Du bist diese Lieblingsperson!* Achte dennoch darauf - Erziehung ist eine ernsthafte Angelegenheit. Erziehungslektion und Spiel bleiben zwei völlig verschiedene Dinge.

Besonders wichtig ist, daß nur ein Familienmitglied, nicht die ganze Familie den Hund erzieht. Hundeerziehung gehört nicht zu den Aufgaben, die man tagtäglich einem anderen Familienmitglied überträgt. Du selbst mußt immer der Rudelführer sein, besonders wenn es um die Erziehung Deines Hundes geht. Er braucht *einen Lehrer,* der zu befehlen hat, ihn überzeugt.

SITZ

Die verbreitetste Methode, dem Hund *Sitz!* beizubringen, besteht darin, mit dem Kommando Sitz dem Welpen einen Leckerbissen so lange über dem Kopf zu halten, bis er sich setzt, um ihn sehen zu können. Dann folgt die Belohnung durch Leckerbissen und tüchtiges Loben. Bald wird der Hund das Sitzkommando auch ohne den über den Kopf gehaltenen Leckerbissen erkennen. Die zweite Methode besteht darin, mit dem Kommando *Sitz!* das Hinterteil des Hundes nach unten zu drücken. Diese Methode ist aber für einige Hunde weniger effektiv, bei der Erziehung sollte man nach Möglichkeit Berührungen vermeiden. Viele Hunde mögen es nicht an einer Stelle berührt zu werden, die sie nicht sehen können. Diese Hunde weichen aus, wenn Du sie am Hinterteil berührst, mögen sich dabei nicht setzen.

Dein Platz ist immer vor dem Welpen. Lobe ihn tüchtig, wenn er für kurze Zeit die Stellung Sitz einnimmt. Aber nicht übertreiben, oder er erregt sich so stark, daß er das Ganze für eine Spielzeit hält.

Das Kommando *Sitz!* gehört zu den Grundkommandos jeder Hundeerziehung. Für Ausstellungshunde wird es von einigen Ausbildern deshalb nicht gelehrt, weil hier Gefahr besteht, daß sich der Hund auf Ausstellungen setzt anstatt sich zu präsentieren. Wenn sich der Ausstellungshund im Ring bei jedem Leckerbissen setzt, anstatt sich in Position zu stellen, kann das zu Schwierigkeiten führen.

SITZ! BLEIB!

Halte Dir immer vor Augen, daß Du nach dem Kommando *Bleib!* nicht zurücktreten darfst. Der Instinkt drängt den Welpen nachzufolgen. Das Kommando wird erst erteilt, wenn der Welpe bereits sitzt. Erst wenn der Welpe gelernt hat zu bleiben, kannst Du langsam zurücktreten. Wiederhole das Kommando häufig, so daß er es versteht.

Unterstützendes Handsignal für dieses Kommando ist das Entgegenhalten der Handfläche - vergleichbar einem Verkehrspolizisten, der *Stop* verlangt. Natürlich läßt sich das Kommando *Bleib!* auch beim stehenden Hund anwenden. *Bleib!* gehört zu den wichtigsten Kommandos überhaupt - dafür gibt es viele Gründe - zuweilen kann es sogar das Leben des Hundes retten.

Gewöhne den Welpen an Leine und Halsband, ehe Du Kommandos lehrst. Bei manchen Hunden dauert es etwas länger, bis sie sich an das Angeleintsein gewöhnen.

Rufe den Hund beim Namen, lobe ihn überschwenglich, wenn er auf Rufen kommt. Er muß lernen, daß Du die Quelle des Lobes, von Leckerchen und anderen Annehmlichkeiten bist.

HIER

Dieses Kommando fordert volle Aufmerksamkeit seitens des Hundes. Es hilft besonders, wenn Dein Hund Dich liebt! Durch die Sozialisierung über die Früherziehung wird die enge Bindung zwischen Hund und Mensch noch verstärkt. Durch Händeklatschen kann man am Anfang die Aufmerksamkeit des Hundes wecken. Bei jedem Kommando *Komm* sollte man zunächst den Namen des Hundes nennen. Ein Leckerbissen ist eine gute Hilfe, damit der Hund freudig herankommt. Auch hier ist stetige Konsequenz Voraussetzung. Gib niemals auf, ohne daß der Hund bei Dir ist und tüchtig gelobt wird.

FUSS

Am liebsten schnüffeln Hunde beim Spazierengehen auf dem Boden, damit ihnen kein wichtiger Geruch entgeht. Den Hund dazu zu bringen, mit der Nase am Knie und aufrechtem Kopf zu gehen, bedarf einiger Überzeugungsarbeit. Dies ist Deine Aufgabe! Die erste Erziehung zur Leinenführigkeit verlief hoffentlich bereits erfolgreich. Vor der ernsthaften Erziehung zum Bei-Fuß-Gehen muß der Hund an Halsband und Leine gewöhnt, auch bereit sein, damit herumzulaufen und Dir zu folgen. Bei der Erziehung *Bei Fuß* empfiehlt sich immer, mit dem Hund zu sprechen, gegen das eigene Knie zu klopfen, um die Aufmerksamkeit und Nase des Hundes auf diese Stelle zu konzentrieren. Halte guten Schritt, um seine Aufmerksamkeit zu stärken. Am besten verwendet man für die ersten Lektionen einen Nebenweg oder einen Parkplatz. Gerade für junge Welpen ist ein Parkgelände viel zu ablenkend, immer gibt es hier etwas zu schnuppern. Um den Hund unter Kontrolle zu halten, wird das Nylonhalsband eng angelegt. Bei jeder Korrektur erfolgt das Kommando *Fuß!* Wenn der Welpe Deine Bemühungen ignoriert, sich übermäßig aufgeregt zeigt, solltest Du anhalten, ihn beruhigen und neu beginnen. Nutze durchaus auch von Zeit zu Zeit eine Futterbelohnung. Halte Deinen Hund ruhig und fest unter Kontrolle. Das *Fuß* muß für ihn immer ein freudi-

An der Leinegehen ist manchmal nicht so einfach wie Du glaubst. Einige Junghunde brauchen mehr gutes Zureden als andere. Nie den Hund hinter sich herziehen! Spazierengehen muß immer beiden Freude machen.

ges Erlebnis bleiben. Gutes Bei-Fuß-Gehen verändert beim täglichen Spazierengehen die ganze Welt. Mit einem Hund, der freudig bei Fuß läuft, macht das Spazierengehen Freude. Ziehende Hunde sind - um es ganz offen auszusprechen - eine echte Strafe.

STEH

Für einen gut erzogenen Hund ist dies ein nützliches Kommando. Es ermöglicht dem Tierarzt, den Hund zu untersuchen, beim Treffen anderer Menschen bleibt der Hund frei stehen. Nützlich ist es zur Reinigung schmutziger Pfoten, beim Stehen im Badewasser. *Steh!* ist auch das Kommando für Junghunde, die einmal auf Ausstellungen Erfolg haben sollen. Der Hund muß gegenüber dem Richter aufgestellt werden, das bedeutet, daß er in bestimmter Art so stehen bleibt, daß der Richter sich ihn in Ruhe anschauen und überprüfen kann. In der Position Steh muß der Hund auf der Ausstellung über längere Zeit ruhig verharren.

Wenn Du mit Deinem Hund Ausstellungen besuchen willst, muß er lernen, in aufgebauter Haltung *zu stehen. Das Bild zeigt den* Professional Handler *James P. Taylor beim Aufbau eines Akita-Junghundes. Dies sieht sehr leicht aus, bedarf aber einiger Arbeit.*

Um seine Aufmerksamkeit zu erregen, bietet man dem Welpen einen Leckerbissen oder ein Quietschspielzeug, wobei er aber nicht hochspringen darf. Sage *Nein* und *Steh* - plaziere ihn erneut auf allen vier Läufen am Boden. Für Welpen und Kleinhunde läßt sich diese Übung am besten auf dem *Pflegetisch* auf rutschfester Oberfläche einüben. Gewöhne aber zuerst den Welpen an den Tisch, so daß er frei von Furcht ist. Ausstellungshunde müssen sich an das Angefaßtwerden gewöhnen, sich von Fremden auch in den Fang schauen, Zähne kontrollieren lassen. Auch müssen sie tolerieren, daß fremde Hände über ihren Rücken streichen, bei Rüden die Hoden kontrolliert werden. Du solltest Deinen Junghund rechtzeitig ans Angefaßtwerden gewöhnen. Lobe den Hund stets, so daß er sich gerne anfassen läßt. Handscheue Welpen zeigen sich im Ausstellungsring nicht gut, haben keine Freude daran.

PLATZ

Platz ist ein leichtes und einfaches Kommando, das jeder Hund kennen muß. Es verlangt eine Stellung des Hundes mit nach vorne ausgestreckten Läufen, den Hundekörper flach am Boden - einfacher ausgedrückt *auf dem Boden Liegen.* Vermische dieses Kommando nicht mit *Herunter*, was für den Hund besagt, von einem Sofa, weg von einem Gast oder gar von Deinem Bauch sich Richtung Boden zu bewegen. Für das Erlernen des Kommandos *Platz* befindet sich der Hund zunächst

Am besten ist es immer, wenn sich der Junghund in die Position Platz legt, ohne daß Du ihn berührst. Ein Leckerbissen macht ihm das Verharren, bis Du ihn wieder freigibst, leichter.

in der Position *Sitz.* Nun klopfst Du mit der Hand auf den Boden und befiehlst *Platz!* Rein aus Neugierde könnte sich Dein Welpe strecken, um Deine Hand zu berühren, zu schnüffeln, gerät dadurch ganz von alleine in die Position *Platz.* Einige Ausbilder bieten einen Leckerbissen, um diese Aufmerksamkeit zu wecken. Lobe ihn kurz. Reagiert er nicht auf Dein Klopfen auf den Boden, fasse ihn freundlich an den Vorderläufen und ziehe ihn nach vorne. Befindet sich der Hund in richtiger Stellung, folgt das Kommando *Bleib!* Das Kommando *Platz! Bleib!* gehört zu den allernützlichsten Kommandos. Für den Hund ist es die bequemste Stellung, dabei wird er nicht unterdrückt, hält sich vielmehr nahe Deinen Füßen, ganz nahe bei Dir, ohne jemandem im Wege zu sein. Mit diesem Kommando kann man einen aufgeregten Hund beruhigen, insbesondere aber in möglicherweise gefährlicher Situation sofortige Kontrolle über ihn gewinnen. Natürlich muß der Hund Dir völlig vertrauen, insbesondere wenn er dem Kommando in einer stark erregten Situation gehorchen soll - beispielsweise mitten in einer Menschenmenge oder an einer Straßenecke. Arbeite zunächst im Haus an diesem Kommando, verlängere nach und nach die Dauer der Übung -

dann geht es hinaus ins Freie, wo alles gefestigt wird.

RUNTER

Dieses Kommando dient für alle die Fälle, wenn Dein Hund Menschen anspringt, ganz gleich ob Dich, Deine Freundin, den Nachbarn, einen Fremden oder sich auf den Sessel im Wohnzimmer setzt. Wähle einen barschen, explosiven, harten Tonfall, der in aller Regel Deinen Ärger auf den Welpen überträgt. Wir empfehlen das Kommando *Runter,* wobei jedes andere deutsche oder englische Wort das gleiche Ziel erreicht, den Hund zur Ordnung zu rufen. Möglicherweise mußt Du die ersten paar (hundert) mal den Hund nach unten drücken, körperlich, mit der Hand im Nackenfell, damit er klar versteht, daß Du es ernst meinst. Steht er wieder auf allen vier Läufen, wird er tüchtig gelobt, geht man wieder zum Alltag über.

Ein anspringender ausgewachsener Labrador Retriever kann gefährlich wirken. Gewöhne es ihm ab, solange er noch jung ist.

OKAY

Immer ein positives Kommando! Dieses Kommando hebt vorherige Beschränkungen des Hundes auf. Neben dem Ruf zum Futternapf wird es bald zum Lieblingswort Deines Hundes. Dein Hund freut sich einfach zu hören, daß Deine Stimme ihm etwas erlaubt. Du kannst das *Okay* einführen, wenn Du ihm einen Knochen gibst, seine Schüssel hinstellst oder die Tür öffnest, damit er hinaus geht oder herein kommt. Mit der Zeit sollte der Junghund darauf warten, bis beim Öffnen der Haustür oder des Käfigs das Wort ertönt, ehe er an Deiner Seite eine Straße überquert, ehe er einen Menschen begrüßt, ehe er durch die Wiesen tollt, ehe er....

WARTEN

Das Wort beschreibt genau, was man von seinem Hund erwartet.

Lehre es Deinen Welpen auf gleiche Art wie bei einem Kind. Allgemein wird empfohlen, daß ein Junghund erst einmal sechs Monate alt sein sollte, ehe man mit dieser Übung beginnt. Im Grundsatz handelt es sich um das Gleiche wie *Bleib!* - aber der Hund weiß, daß es dieses Mal nicht so lange dauert. Man kann das Wort auch durch ein *Nein!* verstärken, dann wirkt es auf den Junghund stärker. Welpen hören immer eine ganze Menge Worte, allgemeine Ansprachen, gutes Zureden. Sie müssen genau erkennen, wann ein Wort ein Kommando ist, nicht zum allgemeinen Reden gehört, von dem man doch nicht erwartet, daß sie es genau verstehen. Viel Sprechen ist nachweislich für den Hund angenehm, insbesondere wenn es sich an ihn richtet, in liebevollem Tonfall geschieht. Beim Sprechen mit dem Hund verändert sich sogar Deine Stimme. Konzentriere Dich beim Sprechen, sei klar und eindeutig, autoritär oder freundlich, überzeugend oder beruhigend. Auch das Reden mit dem Hund gewinnt seine Bedeutung, selbst wenn nicht jedes Wort wie ein Kommando verstanden wird.

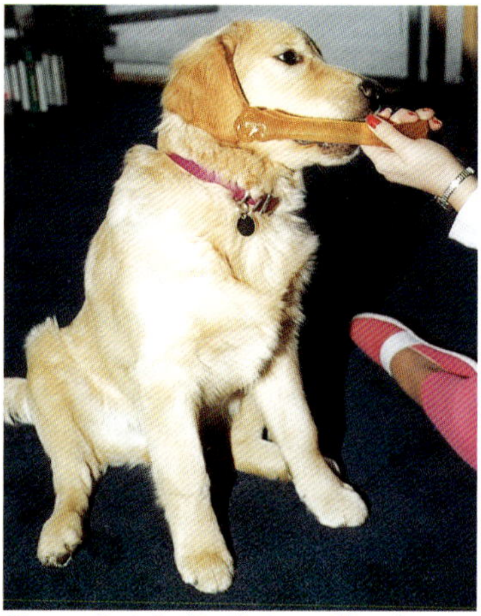

Es muß sich für Deinen Hund immer lohnen, zu warten. Ist er an Ort und Stelle geblieben, erhält er sein Lieblingsspielzeug oder etwas anderes, das er mag.

AUS

Man sollte immer versuchen, das Kommando *Nein!* nicht übertrieben häufig anzuwenden, damit belasten wir unsere Hunde, nehmen ihnen Mut und Freude. Mit einem anderen Wort, dem Kommando *Aus,* bringen wir unsere Mißbilligung zum Ausdruck, falls der Hund sein augenblickliches Tun fortsetzt. Hunde scheinen fast instinktiv dieses Kommando zu verstehen, in erster Linie, weil man nichts anderes von ihnen erwartet, als daß sie zum Menschen herschauen, fragen, warum er dieses Kommando gerufen hat. Zu diesem Zeitpunkt hat er aber schon das zu tun aufgehört, was Dich störte, also praktisch das Kommando befolgt.

HIER

Zur Verstärkung des Aufmerkens des Hundes auf das Kommando

Hier empfehlen einige Ausbilder, dieses Kommando auch dann zu gebrauchen, wenn man seinen Hund füttert, ihm ein neues Spielzeug oder irgend etwas anderes Angenehmes gibt. Damit erweckt das Wort die Neugierde des Hundes, bis Du ihm etwas gibst oder zeigst.

AUS

Beim Ballspielen, beim Apportieren, immer wenn der Hund etwas im Fang trägt bedeutet das Kommando *loslassen.* Gerade bei Hunden, die hartnäckig das einmal im Fang Gehaltene nicht loslassen möchten, bedarf es ruhiger und geduldiger Erziehung.

Wann immer der Junghund in den Käfig geht, begleiten ihn die Worte Gute Nacht. *Bald weiß er, daß es Zeit ist, sich in seinen Käfig zurückzuziehen, wenn die Worte Schlafenszeit ankündigen.*

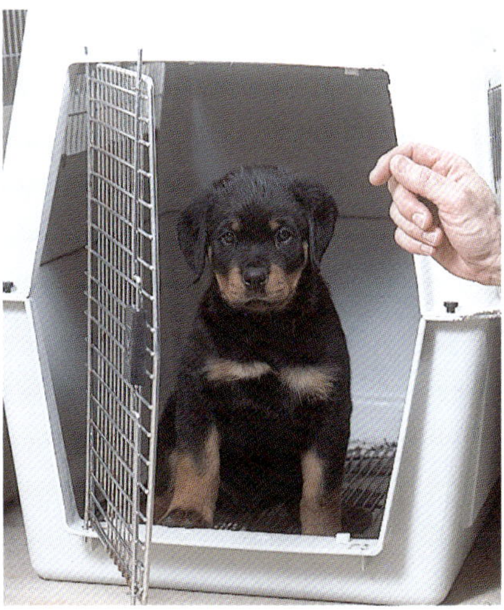

GASSI!

Ein Wunderwort, ein Schlüsselwort - *Gassigehen* - mobilisiert alle Geister des Hundes, ist die Ankündigung, daß seine Lieblingsaktivität dicht bevorsteht. Während Du Deinen Mantel anziehst, die Leine holst, wird er einen Freudentanz aufführen. Nie darfst Du den Hund mit *Gassi* unbegründet necken, es könnte ihn frustrieren, recht unglücklich machen. Beim Gespräch mit einem Freund solltest Du möglicherweise dieses Wort in einzelne Buchstaben zerlegen, damit Dein Hund nicht falsche Hoffnungen entwickelt an der Haustür einen Freudentanz veranstaltet.

GUTE NACHT!

Diese Worte sagen Deinem Hund, daß es Schlafenszeit ist. Alles Spielen ist vorbei. Auf diese Worte sollte sich der Hund in seinen Käfig zurückziehen, es sich gemütlich machen. Einige Hundefreunde wählen auch das Wort *Körbchen* - und wenn man es besonders gut meint, gibt es jetzt noch das *Betthupferl!*

Schlechte Gewohnheiten und Vorbeugung

Dein Welpe weiß, Du bist der Boß, der Rudelführer, der für alles sorgt. Er vertraut Dir und liebt Dich, erwartet Deine Führung, Ermunterung, Spaß und Unterhaltung! Du bist konsequent, Dein Junghund weiß, was richtig oder falsch ist. Keinesfalls solltest Du aber versuchen, vom ersten Tag an Deinem Hund beizubringen, was richtig und was falsch ist. Entscheide, was Dir am unangenehmsten ist, und kümmere Dich um diese Korrektur als erstes. Wenn wir jedesmal, wenn der Welpe irgend etwas falsches tut, *Nein!* schreien - würden wir das ganze erste Jahr über den Hund immer wieder korrigieren, sähe der Hund am Ende wie ein völlig krauses und verschlungenes Rasenornament aus - wie ein schizoider Flamingo - wie ein Jockey, der gleichzeitig nach vorn und nach hinten blikken muß.

Hundeerziehung braucht immer Zeit. Du kannst nicht erwarten, daß der Welpe innerhalb der ersten 24 Stunden zum perfekten Haushund wird. Es kommt zu Verunreinigungen, kleinen Zerstörungen - fast Katastrophen - und schuld daran bist immer Du!

Es ist immer richtig, den Welpen abzulenken, wenn er gerade etwas Falsches tut. Ruf ihn zu Dir, dann vergißt er, was er gerade vorhatte. Das ist eine wichtige Maßnahme der Vorbeugung, aber natürlich siehst auch Du nicht immer alles.

Ein Welpe geht durch verschiedene Entwicklungsstadien - die Zähne brechen durch, die Reife der Sexualorgane führt zu neuen Interessen, der hundliche Charakter entfaltet sich. Es ergibt sich die Notwendigkeit, die Grenzen des eigenen Terri-

Behandele Deinen Junghund immer als das intelligente und empfindsame Geschöpf, das er wirklich ist.

Nichts ist so besitzergreifend wie der Fang eines Welpen, wenn er plötzlich Kaulust verspürt. Gib ihm immer vernünftiges, sicheres Kauspielzeug, ehe er sein eigenes Vorhaben ausführt.

toriums herauszufinden. Das alles mußt Du wissen, wenn Du Deinen Welpen durch seine sich laufend ändernde Welt führst. Man unterscheidet drei typische Übergangsphasen, in denen der Erzieher seinem Welpen zur Seite stehen muß. Diese treten je nach Rasse und Einzeltier in unterschiedlichem Alter auf. Es reicht, daß man dies weiß und es als völlig normal ansieht. So beeinträchtigt der Zahnwechsel den Junghund beträchtlich, die zweiten Zähne brechen in der Regel zwischen vier und sechs Monaten durch. Dieser Zahnwechsel, verbunden mit Ankauen aller möglichen Gegenstände, mag für Dich unangenehm sein, aber der Zahnwechsel nimmt voll vom Hund Besitz.

Zu vorbestimmter Zeit treten Schutz- und Territorialverhalten auf, verstärkt bei Rüdenwelpen, meist etwa mit acht bis zehn Monaten. Die Jungtiere werden aggressiv, frecher und bellen viel. Eine wichtige Erziehungsphase. Ebenso wichtig sind körperliche Veränderungen aus der sexuellen Reife, die beim Rüden zuweilen schon mit fünf bis sechs Monaten eintritt, während die Hündin je nach Rasse etwas später kommt, meist zwischen sechs und zwölf Monaten. Rüdenwelpen zeigen deutliches Sexualverhalten, umklammern oft ganz plötzlich Stuhlbeine und Menschenbeine. Ihr ganzes Streben ist auf Arterhaltung gerichtet - wie bei allen männlichen Wesen im Universum. Ist dies völlig normal? Darauf kannst Du Dich verlassen! Auch Mauerblümchenwelpen unterliegen hormonellen Veränderungen. Interessant ist, daß Hündinnenwelpen meist dominanter sind als Rüdenwelpen, Hündinnen später alle männlichen Wesen im Haushalt zu beherrschen versuchen, menschliche wie hundliche. Die Hormone regieren! Die Hündin wird erregbarer, *bitchier,* reagiert unberechenbar, wird zum *Weibchen* - bedient sich aller einschlägigen Tricks.

Junger Airedale Terrier sucht Gleichgesinnten Partner für alle Arten von Abenteuern.

Alle diese Veränderungen der Welpen beeinflussen naturgemäß die Erziehbarkeit des Jungtieres, seine Fähigkeit, sich zu konzentrieren, erklären einige der Ursachen für das Entstehen von schlechten Gewohnheiten, die Du als Herrchen zu korrigieren hast.

WEINEN

Deine Welpen ähneln Babies in mehr als einer Beziehung. Das wichtigste Beispiel ist aber, die Nacht durchzuweinen, den »Eltern« keinen Schlaf zu gönnen. Glücklicherweise wachsen aber Welpen sehr viel schneller aus diesem Stadium heraus als menschliche Babies. Wiegenlieder und Schaukeln sind allerdings bei Hunden nicht die richtige Ablenkung. Wir erinnern uns, Welpen sind anfänglich verunsichert, überhaupt nicht daran gewöhnt, die ganze Nacht einsam zu verbringen. Mutter und Wurfgeschwister fehlen, sie boten zuvor Wärme und Behaglichkeit. Der Welpe ist plötzlich in seinem Käfig völlig allein. Wir wissen es, der Käfig vermittelt dem Welpen das Erlebnis einer gesicherten Höhle, aber vielleicht begreift er dieses Konzept nicht schon in der ersten Nacht.

Es gibt noch immer das Ammenmärchen über eine tickende Weckeruhr und die Wärmflasche, seine Glaubwürdigkeit ist aber sehr beschränkt. Für wie töricht halten wir eigentlich unsere Welpen? Smarte, neugierige Welpen werden den Wecker schnell auspacken, herausfinden, was hier so tickt. Wahrscheinlich benagen sie dann die Wärmflasche, um herauszufinden, wie weit diese den früheren Spielkameraden oder dem Gesäuge der Mutter ähnelt. Diese Gegenstände sind sicherlich nicht welpensicher, möglicherweise wirst Du Dich dann schnell auf den Weg zum Tierarzt machen, damit die Gummistücke und der Drehverschluß aus dem Welpenbauch entfernt werden.

Einen aufgeregten Junghund auf diese Art zu halten, beruhigt ihn schnell. Besonders in der ersten Nacht solltest Du dem Welpen das Gefühl geben, daß Du immer dicht bei ihm bist.

Wenn der Welpe nachts weint, solltest Du ihn nie ausschimpfen, schon gar nicht bestrafen. Strafe verstärkt nur die Angst des Welpen, zerstört schnell sein Vertrauen zu Dir. Gerade in dieser entscheidenden Zeit versuchen wir dem Welpen klar zu machen, daß sein Be sitzer direkt nach dem saftigen Kalbsknochen das allerbeste für ihn ist. Er muß Dir vertrauen! Tröste den Welpen durch freundliches Sprechen, nenne seinen Namen, gib ihm vielleicht einen einzelnen Leckerbissen. Nicht zu viel - sonst könnte es direkt in der Nacht ein Unglück geben. Kraule ihn am Kopf durch die Käfigstangen, drehe das Radio an. Angenehme Töne und gedämpfte menschliche Stimme trösten ihn. Diese ersten schwierigen Nächte dauern nicht lange an. Sei freundlich und liebevoll, Du mußt verstehen, daß für den Welpen alles neu und aufre-

In der ersten Nacht im neuen Käfig ohne Mutter - auch Du würdest Dich beschweren! Dieser junge Bichon Frisé versucht seine neue Umwelt zu verstehen: »Eine Höhle, hast Du gesagt?«

gend ist - sogar etwas traurig. Dauert allerdings das nächtliche Wimmern über eine Woche bis zu zehn Tagen fort, solltest Du den Welpen vom Tierarzt untersuchen lassen. Dann sind möglicherweise andere Probleme die Ursache.

KNEIFEN

Welpen befassen sich mit allem ringsum über den Fang - wie bei allen Säugetieren beginnt das Leben mit Saugen. Sind die Zähne durchgebrochen, versucht der Welpe sie zu fühlen, zu testen und zu schärfen. Deine Aufgabe als sein Herr ist, dem Welpen sofort klar zu machen, daß Haut und Knochen Deiner Hände und Arme nicht aus Nylon bestehen! Das Benagen menschlicher Hände ist verboten, selbst wenn die Haut besser als Nylon und Polyurethan schmeckt. Das Kommando *Nein!* wirkt hier Wunder! Wenn Dein Welpe beim Spielen härter zubeißt, folgt einfach das *Nein!* Du darfst dabei den Welpenfang nicht umfassen und festhalten - das würde den Welpen völlig verunsichern. Er würde vergessen, wo immer er ist, was er gerade tut, sich völlig darauf konzentrieren, sich durch Flucht Deinem Griff über seinen allerwichtigsten Körperteil zu entziehen. Vergiß nicht - Du hast es mit einem noch sehr jungen Tier zu tun! Reagiert er wirklich nicht auf Dein *Nein!*, hilft vielleicht ein Nackengriff, möglicherweise leichtes Schütteln. Allerdings muß es uns immer ernst sein, wenn wir den Welpen wegen des Kneifens korrigieren. Denke daran, diese kleinen scharfen Milchzähne, die jetzt nur leicht verletzen, werden sich in kräftige Fangzähne und Schneidezähne verwandeln, die von Gott einmal dazu geschaffen wurden, Fleisch von den Knochen zu trennen. Gleich welcher Rasse Dein Welpe angehört, alle Hundezähne können einen Erwachsenen verletzen, natürlich auch ein Kind, das der Spielgefährte des Welpen ist.

Kräftige Junghunde wie Rottweiler brauchen für ihre Kiefer Beschäftigung. Kauknochen werden von den meisten hochgeschätzt.

Nicht alle Hunde sind so zivilisiert wie diese zwei Schönheiten. Bill und BJ Andrews präsentieren einen Chinese Foo Dog *und einen der großartigen* Akitas *aus ihrer Zucht.*

Der Käfig bietet ein gutes Hilfsmittel zur Korrektur von Kneifen. Schnell begreift der Welpe, daß wenn er nicht nach Deinen Regeln spielt, er mit sich alleine im Käfig weiterspielen muß. Wenn man den Welpen aus frohem Spiel in den Käfig setzt, fühlt er sich vernachlässigt. Und Vernachlässigtsein hassen Welpen genauso wie Kinder.

Gott hat nun einmal die menschlichen Glieder nicht aus Nylon geschaffen, während *Nylabones* für unseren Welpen eine gute Alternative bieten. Solche Kauknochen sind für den knabbernden Welpen eine Wohltat. Wir wissen ja, daß sein Kneifen seine durchbrechenden Backenzähne trainiert, er im Spiel auch seine Dominanz übertragen möchte. Alle diese Triebe lassen sich auf Kauknochen umlenken. Am besten werden Kauknochen dem Welpen im Spiel vertraut gemacht.

Dein Welpe wird voller Begeisterung über diese Neuheit seine Zähne üben. Die Zubehörindustrie hat Jahrzehnte und Millionen von Dollar eingesetzt, für jedes Alter, Grössen und Hunderasse gute Kauspielzeuge zu entwickeln. Es gibt diese Kauknochen in verschiedenen Stärken, auch in verschiedenen Größen und Geschmacksrichtungen. Versucht der Welpe zu kneifen, gib ihm den Kauknochen, spiel mit ihm, laß ihn den Kauknochen auch mit in den Käfig schleppen - mit aller Sicherheit wird er herausfinden, wozu Kauknochen gut sind.

Zwei Bulldog-Welpen mit dem gleichen Wunsch - saubere Zähne und kräftige Kiefer. Kauspielzeug bietet einen sicheren Weg.

ANKAUEN

Genauso wie Kneifen steht auch Kauen in engster Verbindung mit den Wünschen des Welpen, seine wachsenden Zähne zu gebrauchen, sein Zahnfleisch zu massieren, mit dem Fang zu arbeiten. Kauen ist für Hunde lebensnotwendig. Man darf es keinesfalls unterbinden, muß es aber in die richtige Richtung lenken. Das Kauen ist für den Hund so etwas wie für uns Tennisspielen, ein gutes Buch lesen oder ein Besuch im Kino, beim Masseur oder Therapeut, eine Art *Glückscocktail* - bewirkt alle Arten der Entspannung! Da Hunde in Gesellschaft weder lesen noch trinken, auch nicht Mitglieder eines Countryclubs werden können - zumindest nicht in Amerika - haben sie sich

Als Alternative zu Kauspielzeug könnte man an Deine Lieblingstennisschuhe denken... sie riechen fast ebensogut, halten aber beiweitem nicht solange.

Zerstörerisches Kauen läßt sich verhindern, Welpen nehmen alles zum Kauen, was sich ihren Zähnen bietet.

für das Kauen entschieden! Das Umleiten des Kautriebs führt uns zurück zu *Nylabones* und anderen Kauknochen - zu sicherem, gutem Kauspielzeug. Am besten korrigierst Du den Hund, wenn er den Fußboden oder das Linoleum ankaut mit einem harten *Nein!* Dann folgt *Okay* - und der Hund erhält sein *Nylabone*. Es wäre falsch, ihm einen alten Schlappen oder Schuh zu werfen, denn Hunde sind völlig überfordert, wenn sie Schuhe nach Markenschuhen erster Preisklasse und abgetragenen Latschen unterscheiden sollen.

Viele Fachleute empfehlen vom Hund angekaute Stellen mit *Bitter Apple* einzusprühen, um sie für das Tier unangenehm zu machen. So lange man die Menge nicht übertreibt, ist dies recht harmlos und wirksam. Führe den Hund zu dem besprühten Gegenstand, laß ihn daran lecken - meist wird er negativ reagieren. Es gibt aber einige Hunde, die auf das Verleiden überhaupt nicht reagieren. Alternativ muß man den kauenden Welpen auszanken, hartes *Nein!* - Gleichzeitig kann man noch fest auf den Boden stampfen. Achte aber darauf, daß dies der Nachbar nicht falsch versteht.

Um der Sicherheit des Welpen willen solltest Du alle gefährlichen Drähte und Gegenstände aus seinem Bereich entfernen. Welpensichermachen hat damit zu tun, alles zu erkennen, was der Welpe möglicherweise mit dem Fang aufnimmt. Denke daran - Welpen sind neugierig - untersuchen alles.

Die meisten Hunde können nicht singen, dieser Hund ist eine Ausnahme. Der New Guinea Singing Dog *hat eine Stimmgewalt wie kein anderes Säugetier (mit Ausnahme des Buckelwals) und hält über seine Stimme mit seinen Rudelgenossen harmonischen Kontakt. Foto Janice A. Koler.*

BELLEN

Stelle Dir nur einen Augenblick vor, Hunde könnten nicht bellen, stattdessen sprechen. In unserer eigenen Sprache! Hierdurch würden sicher einige Kommunikationsschwierigkeiten schnell beseitigt. Stelle Dir aber die endlose umfangreiche Liste von Wünschen und Beschwerden vor, mit denen wir zu leben hätten! Hunde sind nach ihrer Natur egoistische Geschöpfe - das Teilen gehört nicht zu den Elementarwünschen eines Hundes. Hundekäfige wären nicht so segensreich, wenn wir laufend zuhören müßten, daß sich unsere Welpen anfangs über das Eingesperrtsein beschweren. Wünschten wir uns dann nicht, sie könnten nicht länger unsere Sprache sprechen? Wie wäre es mit Welpen, die man nur sieht, nicht aber hören kann. Wie wäre es, wenn unsere Hunde Schlager singen könnten?

Bellen ist wie Kauen eine völlig normale Handlung. Da Hunde nicht sprechen können, wofür wir dankbar sein sollten - bellen sie, wimmern und heulen, versuchen sich damit verständlich zu machen. An erster Stelle bei der Problemlösung steht die Entscheidung, welches Bellen überhaupt unerwünscht ist. Lästig und unangenehm sind

Bellen ist nicht immer verkehrt! Du entscheidest, wann Dir Hundebellen angenehm ist, dann solltest Du es belohnen. Gib Deinem Hund Gelegenheit, seine Stimme zu nutzen, dann mißbraucht er auch seine stimmlichen Fähigkeiten nicht.

übertriebenes Bellen, in den Mond bellen, nach einem Schmetterling, nach einer Eule oder einem Nachtfalter jaulen. Territoriales Bellen ist etwas völlig anderes. Handelt es sich um einen Wachhund und gibt es etwas zu beschützen, kann dieses Bellen durchaus ein Segen sein, wichtiges Warnsignal, daß jemand das Grundstück betritt. Für viele ist erhoffter Schutz gerade das Motiv für die Hundehaltung. Dabei gebe ich natürlich zu, wenn ein Chihuahua oder Lhasa Apso wild den Postboten verbellt, bedeutet dies manchmal nichts. Hunde bellen auch, um Dominanz anzuzeigen, das Gleiche, was sie als Wildhunde auch im Rudel versuchten. Das Ankläffen von Menschen ist im allgemeinen unerwünscht, könnte durchaus auch die Vorstufe zum echten Beißen werden.

Über die Jahre wurden in Dressurhandbüchern nahezu unglaubliche Methoden abgedruckt, wie man Bellen unterdrückt. Damit möchten wir nicht behaupten, daß nicht einige dieser Methoden bei manchen Hunden erfolgreich wären, aber der erzieherische Grundansatz ist - vorsichtig ausgedrückt - dubios. Wie Dein Hund tatsächlich reagiert, wenn aus dem Verborgenen plötzlich ein Eimer Wasser über ihn geschüttet wird, wenn er im Freien bellt, vermag ich nicht vorauszusehen. Ebenso wenig wage ich eine Voraussage, ob Dein Hund sofort mit dem Bellen aufhört, wenn eine Art Bumerang über den Gartenzaun fliegt.

Hundeerziehung beginnt immer zu Hause, besser ausgedrückt, innen im Haus. Wenn Dein Welpe unnötig bellt, solltest Du die Klapperbüchse benutzen. Schnell verbindet der Welpe das Bellen mit dem unangenehmen Geräusch, bellt entsprechend weniger. Bringe ihm bei, auf Kommando *zu sprechen.* Dies gibt ihm eine vorzügliche Gelegenheit, seine wunderschöne Stimme zu gebrauchen. Mußt Du dann einmal sein Bellen unterbrechen, brauchst Du ihm nur noch zu sagen, wie gut er war, schnell wird er wieder ruhig. Manchmal regt er sich über einen Fremden vor der Tür oder über eine Ratte im Müll schrecklich auf. Manchmal ist es auch die übliche Katzenmusik um 9.00 Uhr am Abend, oder der Hund kämpft gegen seinen eigenen Schatten im Fensterglas. Bedanke Dich bei ihm und sage ihm, es sei jetzt genug. Du solltest aus etwas Bellen kein großes Ereignis konstruieren.

Die Meutehunderassen wurden auch ihrer Stimme wegen gezüchtet. Der Bloodhound besitzt in der Hundewelt den echten, profunden Baß, eine donnernde Stimme, die er - wie Du wohl hoffst - recht zurückhaltend einsetzt.

Tagsüber sollte man den Junghund nie im Freien länger alleine lassen. Dies bringt nicht nur Risiken mit sich, möglicherweise wird er dadurch auch zum Gewohnheitskläffer. Man sollte den Welpen grundsätzlich auch nicht dazu erziehen, daß er für sein Futter oder Spazierengehen erst bellen muß.

Erinnere Dich daran, bestimmte Hunderassen und Hundegruppen wurden eigens dazu gezüchtet, bei der Arbeit ihre Stimme zu gebrauchen. Hast Du deshalb einen Basset Hound, einen Beagle, Coonhound oder einen anderen Meutehund, mußt Du wissen, sie alle wurden gezüchtet, um in der Meute auf der Spur »Laut zu geben«. Natürlich wird dadurch die Kontrolle des Bellens schwieriger. Wußtest Du, daß der Finnenspitz in seinem Ursprungsland Finnland besonders seiner Stimme wegen geschätzt wird, man im Ausstellungsring sogar eine Talentprobe verlangt? Molosserrassen mit ihren starken territorialen Instinkten sind meist auch stimmgewaltiger als andere Hunderassen, beispielsweise Chow Chow und Shiba Inu, die beim Bellen zurückhaltender sind. Richtig - der Basenji bellt überhaupt nicht, dieser Hund jodelt. Manchem gefällt dies sogar noch besser als Singen!

Ein ruhiger Finnischer Spitz wäre für diese Rasse untypisch. Finnenspitze haben ihr eigenes Bellmuster mit ausgeprägter Dynamik und guter Kontrolle der hohen Töne.

Letztendlich haben Welpen für das Bellen auch Gründe, genauso wie Babies für ihr Weinen. Möglicherweise hat der Welpe Angst, ist aufgeregt, hungrig oder fühlt sich un-

Zwei Basenji-Welpen auf ihrem Weg zum Jodelwettbewerb.

wohl. Hunde haben gegenüber ihrer Umwelt eine Art sechsten Sinn - einfacher ausgedrückt - sie haben meist bessere Ohren als wir. Es ist immer möglich, daß sie tatsächlich etwas beunruhigt. Wenn Du den Reiz beseitigen kannst, ist es mit dem Bellen vorbei. Du solltest Dir aber einiges Feingefühl für die Probleme Deines Hundes bewahren. Möglicherweise hört er draußen Tiere, andere nächtliche Geräusche, mit denen er nicht vertraut ist, die ihn beunruhigen. Es ist auch möglich, daß Dein Hund ganz einfach *gerne spricht.* Eine einzige etwas lautere Nacht mit einigem Kläffen braucht beiweitem noch keine Verhaltensstörung anzuzeigen.

Abends sind viele Junghunde aktiv und munter, insbesondere wenn sie tagsüber zuviel alleine waren.

Akzeptables Spielverhalten lernen Welpen im Spiel mit Mutter und Geschwistern. Die Hundebesitzer müssen von Anfang an die neuen Grundregeln festlegen, so daß die sechs Wochen alten übermütigen Welpen die Hausordnung verstehen.

Anspringen

Im Hunderudel begrüßen Wolfswelpen ältere Tiere durch Anspringen und Lecken am Fang. Diese Begrüßung bedeutet ein freundliches *Hallo* oder zeigt, daß die Welpen Hunger haben. Auch beim Spielen springen Hunde sich gegenseitig an, ringen miteinander, kneifen sich gegenseitig. Dabei lernen sie ihre Grenzen - was für ihre Wurfgeschwister noch akzeptabel und spaßig ist. Genau so müssen die Welpen die von ihren menschlichen Lebensgefährten gegebene Ordnung verstehen lernen.

Bei einiger Konsequenz ist es recht einfach, dem Welpen das Anspringen abzugewöhnen. Man sollte sehr früh damit beginnen, auch wenn die Begrüßungszeremonien süß und harmlos wirken. Ein 50-Kilo-Hund, der Dich begrüßt, während Du die Arme voller Einkaufstüten hast, ist weder süß noch harmlos. Beginne beim Welpen von Anfang an! Sag ihm *runter*, wenn er Dich anspringt, bring ihn wieder

Süß wirkt ein Welpe auf seinen Hinterläufen, wenn er um Futter und Liebe bettelt. Vier Monate später wird dieser niedliche Dalmatiner-Welpe in der Lage sein, mit wenig Mühe selbst einen Erwachsenen umzuwerfen.

auf den Boden, faß ihn am Halsband und befiehl *Sitz!* Lobe ihn immer, wenn er wieder mit allen vier Pfoten auf dem Boden steht. Bald wird er lernen, Dich nur noch auf allen vier Läufen zu begrüßen. Beuge Dich herunter, gib ihm einen Klaps und einen dicken Kuß. Einige Hunde erfreuen Dich mit einem kleinen Stepptanz auf zwei Hinterläufen. Dies ist natürlich so lange wunderbar, wie der Hund auf alle Viere zurückkommt, wenn Du Dich ihm näherst. Immer erhält er seinen Kuß erst, wenn er wieder mit allen Läufen auf dem Boden steht. Aus verständlichen Gründen ist dies für Hundebesitzer mit Kleinhunden ein kleineres Problem als mit großen. Shiba-Besitzer begeistern sich, wenn beim Nachhausekommen der Hund seine *Tanzfiguren läuft.* Bei einem Akita-Besitzer könnte dies aber Furcht auslösen. Denke auch daran, meist sind Deine Gäste über solche Begrüssungszeremonien weniger begeistert. Vielleicht macht es Dir auch selbst keinen Spaß, wenn Du chic gekleidet von Deinem Hund angesprungen wirst. Lehre ihn einfach, überhaupt nicht anzuspringen, dies ist immer besser und sicherer. Hast Du ihm dies erst einmal richtig beigebracht, kannst Du später den Hund immer noch *einladen,* Dich *kurze Zeit* auf den Hinterbeinen zu begrüßen.

Reicht ein einfaches *Nein!* nicht aus, besteht noch immer die Möglichkeit, das Knie so anzuheben, daß der Hund beim Hochspringen mit der Brust gegen das Knie stößt. Eine andere sichere Methode besteht im Verschränken der Hände vor dem Körper, so daß der Hund mit der Nase dagegen schlägt. Wenn entweder das Knie ihm entgegenkommt oder die Hände verschlungen sind, wird der Hund Dich bald nicht mehr anspringen, wenn er auf Dich zukommt. Wiederhole den Trick jedesmal, wenn der Hund erneut springt. Keinesfalls sollte man aber selbst ein künstliches Anspringen auslösen, andernfalls könnte der Hund dies mit Spiel verwechseln. Ein kluger Hund wird natürlich versuchen, einen Weg an Deinem Knie oder Händen vorbei zu finden, einfach versuchen, noch höher zu springen.

Betteln

Betteln ist lästig! Selbst auf die Gefahr, moralisch unkorrekt zu handeln, solltest Du einem Bettler nie nachgeben. Drängelnde Welpen sind kein erfreulicher Anblick. Aber ich muß zugeben, ein bettelnder Welpe kann manchmal unwiderstehlich sein. Unterbinde das Betteln, indem Du keinesfall je vom Tisch fütterst. Damit möchte ich nicht sagen, daß ein Leckerbissen aus der Hand immer falsch wäre, ebenso wenig, daß Tischabfälle Hunden schaden. Gute Tischabfälle sind schmackhaft. Du solltest den Welpen aber immer erst füttern, wenn Du selbst gegessen hast. Gelegentlich kannst Du dann seinem Futter Tischabfälle beimischen. Hunde sind Allesfresser, keine reinen Fleischfresser. Ihnen schmeckt Fleisch wie Gemüse, Tischabfälle können eine gewöhnliche Mahlzeit viel interessanter machen. Natürlich darfst Du dies nicht immer machen, sonst wird der Welpe verwöhnt. Keinesfalls füttern, ehe Du selbst gegessen hast. Du bist der Herr, in der hundlichen Rangordnung hat dieser immer den Vorrang. Denke auch daran, daß Du Dein Erziehungsprogramm auf Stubenreinheit nicht schädigen möchtest. Es könnte auch sein, wenn der Welpe erst gefüttert wird, er möglicherweise an seinem Futter wenig Interesse hat, weil er weiß, daß einige besser riechende Brocken später folgen. Hast Du bereits damit begonnen, den Welpen vom Tisch zu füttern, *sofort damit aufhören!* Wenn er nämlich erst richtig

Bringe Deinem Junghund bei, daß die einzige Stelle im Haus, wo er Futter findet, seine Schüssel ist. Nie darf man Betteln am Tisch erlauben.

zu betteln gelernt hat, mußt Du ihn möglicherweise für immer aus dem Eßzimmer verbannen. Vielleicht gibt es dann keine Alternative als ihn in den Käfig zu stecken.

AUF DIE MÖBEL SPRINGEN

Auch hier ist Vorbeugen wie immer besser als Heilen. Grundsätzlich darf der Welpe nicht auf die Möbel, halte ihn davon fern! Anfänglich sollte man Sofa und Sessel aus dem Lebensbereich des Welpen entfernen, so daß er gar keine Möglichkeit zum Aufspringen hat.

Da hierzu nicht immer die Möglichkeit besteht, müssen wir uns etwas ausdenken, was den Welpen vom Aufspringen abhält. Sei konsequent! Keinesfalls darfst Du den Welpen abends auf die Couch nehmen, ihn dann tagsüber für das gleiche Verhalten auszanken. Natürlich möchte der Welpe am liebsten immer dicht neben Dir sein, denn er liebt Dich ja. Einige Rassen sind dabei noch anschmiegsamer als andere. Einige Welpen brauchen es geradezu, sich auf der Couch zu Deinen Füßen zusammenzurollen. Andere Welpen sind völlig zufrieden, wenn sie im Zimmer sein dürfen. Falsches Verhalten kann da-

Ein Schnappschuß! Dalmatiner im Tiefschlaf unter einer handgeknüpften Sofadecke. Vorsicht - Du darfst nicht zuerst fotografieren, dann den Hund auszanken! Lehre den Hund von Anfang an, was erlaubt ist und was nicht.

Wenn Deine Korrekturen zum Spiel ausarten, hast Du verloren. Gleich wie süß das nächste Handeln des Welpen sein mag, Du mußt Dich darauf konzentrieren, daß er versteht, was Du von ihm willst.

durch korrigiert werden, daß man den Junghund nur angeleint ins gute Zimmer mitnimmt. Er wird mit der Leine von den Polstermöbeln geholt, klares Kommando *Runter!* Im Wiederholungsfall befiehl ihn anschließend für einige Zeit in die Position *Platz! Bleib!* Eine weitere erfolgreiche Methode wäre die Klapperbüchse in Verbindung mit der Korrektur durch das Kommando *Nein!* Eine interessante Aufgabe für die Klapperbüchse.

Vor völliger Stubenreinheit sollte man einem Junghund nie freien Lauf im Haus gewähren. Einen absolut sicheren Weg, ihn von den Möbeln abzuhalten, gibt es nicht. Tatsache ist, der Hund fühlt sich nicht wohl, wenn Du weg bist. Gerade das Wohnzimmer und sein Mobiliar riechen besonders nach Dir, ebenso Dein Bett, Deine Pantoffeln und die Haarbürste. Der Hund möchte Dir nahe sein! Wenn Du also nicht zu Hause bist, kommt er Dir am nächsten, wenn er auf den Möbeln sitzt, in Deinem Bett schläft oder sich Deine Schlappen ins Lager holt.

Glücklicherweise gibt es Methoden, die in Einzelfällen erfolgreich arbeiten. Mir selbst ist aber kein sicherer Weg bekannt, wie man den Hund von den Möbeln fernhält. Wenn man hier keine feste Erziehung erreicht hat, sollte man den alleingelassenen Hund im Käfig oder in einem anderen Zimmer im Welpenauslauf unterbringen.

DIE TOLLEN FÜNF MINUTEN

Wenn man einen Junghund gelegentlich frei im Haus laufen läßt, könnte er schon einiges an Unheil anrichten. Es handelt sich dabei um die wilden und gefährlichen *tollen fünf Minuten,* wie man sie nennt. Bis zu einem gewissen Grad läßt sich hier vorbeugen. War Dein Welpe zu lange im Käfig, solltest Du ihn sofort nach draußen bringen, im Garten toben lassen oder mit ihm einen kurzen Spaziergang an der

»Meistens« *zählt bei der Stubenreinheit nicht. Solange der Welpe im Haus nicht absolut verläßlich ist, sollte man ihn nicht in allen Räumen umherwandern lassen.*

Leine unternehmen. Die tollen fünf Minuten werden dadurch ausgelöst, daß der Energievorrat des Hundes überschäumt, es muß etwas davon abgelassen werden. Hat sich der Hund dann bewegt und gelöst, bringt man ihn am besten wieder ins Haus zurück. Zu den unangenehmeren Seiten dieser tollen fünf Minuten gehört, daß nach wildem Lauf und all der Aufregung der Welpe sich plötzlich lösen muß. Schon deshalb darf man ihn nie unbeaufsichtigt im Haus umhertoben lassen. Solange der Welpe nicht völlig stubenrein ist, bleibt er zu seiner eigenen Sicherheit in einem Zimmer oder in seinem Käfig, darf nicht das ganze Haus zum Toben freigegeben werden.

Aggression

Der selbstbewußte Machojunghund hat meist mit der Aggression keine Probleme. Auch beim scheuen und ängstlichen Welpen, der knurrt oder sogar schnappt, hat das mit Aggression wenig zu tun.

Labrador-Welpen scheinen die tollen fünf Minuten *erfunden zu haben. Die meisten Jagdhundewelpen sind unermüdlich, können stundenlang laufen und spielen.*

Selbst der verwöhnte Hund, von einem nachlässigen Herrn erzogen, einem Lehrer, der kein einziges Ausbildungsbuch gelesen hat, dem Welpen alles mögliche zuläßt, braucht nicht aggressiv zu werden. Die meisten Welpen wachsen aus diesen Stadien schnell wieder heraus.

Ein Junghund jedoch, der Dich oder Deine Kinder anknurrt, während er gefüttert, bewegt, gestreichelt oder gebürstet wird, hat ein Aggressionsproblem! Du selbst - das Alphatier, der Chef - mußt dieses Aggressionsproblem sofort bei Auftreten am Schopf - besser am Nackenfell packen. Ein solcher Welpe muß augenblicklich wissen, daß nicht er der Chef im Haus ist. Du mußt ihn schon ernsthaft auszanken, wann immer er knurrt - da nützt kein süßes Geschwätz, er sei ein so netter Hund. Hunde fehlinterpretieren solche liebevollen Töne und verstehen: »Dir gefällt doch meine freche Schnauze, oder nicht?« Ein knurrender Welpe kann mit weiterem Heranwachsen immer schlimmer werden. Wenn notwendig solltest Du ihn am Nackenfell packen und ihm in strengem Ton *Nein!* sagen. Nur wenn das nichts nützt, der Hund weiter versucht, Dominanz zu zeigen, folgt die dominante Unterwerfungsgeste, bei welcher der Hund auf den Rücken gerollt und unten gehalten wird. Das dominierte Rückenliegen ist eine sehr ernsthafte Maßnahme, darf nie zu häufig angewandt werden. Aber es ist immer besser als daß sich der Welpe zu einem sich nicht mehr unterwerfenden Tyrannen oder Schlimmerem entwickelt.

Wenn es auch viele Hunderassen gibt, die von Natur aus aggressiv werden können, darf Menschen gegenüber keine Hunderasse aggressiv sein, äußerstenfalls gegenüber Hunden. Natürlich muß ich zugeben, daß es einmal Molosserrassen gab, die dafür mißbraucht wurden, Menschen niederzuwerfen; werden diese Hunde nicht richtig soziali-

Diese Gang kleiner Bulldoggen bildet einen überwältigenden Anblick.

American Staffordshire Terrier sind vorzügliche Familienhunde, ebenso schützend und imponierend wie süß und gehorsam. Kein anderer Hund übertrifft einen richtig erzogenen Staff.

siert, können sie problematisch werden. Bullmastiff, Dogo Argentino und Mastino Napoletano sind Beispiele solcher wehrhaften Wachhunde. Die *Bull and Terrier Breeds,* also American Pit Bull Terrier, American Staffordshire Terrier, Staffordshire Bull Terrier und Bull Terrier sind ihrer Natur nach zuweilen untereinander aggressiv, eine Spätfolge früher durchgeführter Hundekämpfe. In Liebhaberhänden bereiten diese Hunderassen heute genauso wenig Probleme wie Begleithunde aus weniger aggressiven Linien. Andere Hunderassen, beispielsweise Akita Inu, Rottweiler, Dobermann und Komondor, können bei nicht sachgerechter Aufzucht und Erziehung schwer beherrschbar und aggressiv werden. Es ist immer eine Frage der Verantwortung und Vernunft des Besitzers!

Richtig ist, jeder Hund - nicht nur die erwähnten Rassen - auch kleine liebenswerte Zwerghunde, ebenso unschuldige Mischlinge - können von ihrer Genetik her eine aggressive Erblast haben. Solche Veranlagungen lassen sich nicht mit Sicherheit voraussagen. Eine wichtige Hilfe dabei ist, wenn man sich die Eltern genau auf ihr Verhalten ansieht. Aber auch dies schließt nicht mit Sicherheit die Möglichkeit aus, daß irgendwo ein Onkel in der Ahnenreihe Aggressionspotential besaß. Es gibt auch eine Reihe von übersensiblen Hun-

Woran erkennt man einen aggressiven Hund? Beobachte das hundliche Spielverhalten, schnell wirst Du erkennen, daß vieles Umhertoben und Kampfverhalten eine Art hundliches Stellungsritual darstellt.

den, besonders verletzlich, unsicher und furchtsam, die diese Probleme durch Aggression zu kompensieren versuchen. Wenn ein solcher Welpe noch wenig erzogen wurde, insbesondere in den kritischen Entwicklungsphasen, in denen ein Hund seiner Natur nach seine Grenzen und Besitzer testet - kann sich diese negative Erscheinung noch verstärken. Solche schwer erziehbaren Hunde markieren quer durchs Haus, schlafen, wo immer sie wollen, schrecken auf, wenn irgendwo eine Büchse geöffnet wird, erlauben niemand sich der Stelle zu nähern, wo sie fressen, schikanieren selbst die Kinder. Um ihre Dominanz auszudrücken, haben diese Hunde nahezu eine Terroristentaktik entwickelt. Wenn ein solcher Hund sich zum Alphatier im Rudel zu erheben versucht, klare Feindseligkeit zeigt, bedarf es sofortiger Maßnahmen. Wir erkennen solches Verhalten sofort an der hundli-

Nimm Augenkontakt, mache Deinem Junghund klar, daß Du der Top Dog *bist. Alpha-Welpen versuchen den Augenkontakt zu vermeiden, weichen aus, wenn man sie zwingt, in die Augen zu schauen.*

Rottweiler haben einen starken Schutztrieb, man kann sie zur Mannarbeit abrichten. Diese Welpen spielen mit ihrer Mutter an einem Schutzhundeärmel. Jede Erziehung zu solchen Aufgaben darf nur mit äußerster Vorsicht erfolgen.

chen Körpersprache - Fang und Lefzen drohen, der Hund zeigt seine Zähne, Ohren und Rückenkamm sind angehoben, der Körper ist gespannt, Rute steil nach oben gerichtet. Im schlimmsten Fall beißt ein solcher Hund tatsächlich - Dich, Deine Kinder oder Besucher. Und ein beißender Hund ist immer ein großes Risiko, das man nie leicht nehmen darf.

Es liegt zwar in der Natur eines Skorpions zuzustechen, nicht aber in der Natur des Hundes zu beißen. Trotzdem gehören problematische Beißer zu den bedauerlicherweise vereinzelt auftretenden Phänomenen der Hundewelt.

Von Natur aus beißen Hunde keinen Menschen. Behandelt man sie von Jugend an freundlich, sozialisiert sie richtig, wird jeder Hund zu einem liebevollen, vertrauenswürdigen Gefährten.

Wenn Dein Hund Kommandos verweigert, mußt Du immer härter werden, andernfalls multiplizieren sich nur seine Übergriffe. Bei der Erziehung darfst Du Aggressionszeichen niemals tolerieren. Versuche nicht einen Hund zu streicheln, der drohend seine Zähne gegen Dein Bein richtet. Solches Beruhigen würde dem Hund nur signalisieren, daß es von Deiner Seite durchaus in Ordnung wäre, daß er jetzt mit seinen perlweißen Zähnen Dir die Hose zerfetzt. Hunde werden immer nur dann gelobt, wenn sie das Richtige tun. Lob und Tadel dürfen nicht miteinander verwechselt werden. Lob ist ebenso wichtig wie ernsthafte Korrektur. Laß Dich auch nicht verwirren, in Erwartung was noch Schlimmes droht, daß Du zum richtigen Zeitpunkt vergißt, den Hund für gutes Verhalten zu loben.

Bei von Natur aus aggressiven Hunden sollte man bei der Hundeausbildung keine Futterbelohnung einsetzen. Positive Verstärkung muß Deinen Aufrührer wieder an seinen richtigen Platz im Rudel zurückführen. Aber Futter gehört dem Alphatier immer als erstes. Auch darfst Du während der Erziehung Deines Hundes für *Sitz! Platz!* nicht anfangen, ein Butterbrot zu verzehren, andernfalls verliert Dein Hund seine Konzentration, Du Deine Rang-

Möpse sind entfernte Verwandte des Mastiffs. Noch immer schlägt das Herz eines 100 Kilo-Hundes in ihrer Brust.

stellung. Bei der Erziehung eines aggressiven Hundes mußt Du sicher sein, daß Du ihn jederzeit und immer berühren kannst. Er muß sich daran gewöhnen, daß Menschen ihn anfassen, dies wiederum festigt die Verbindung zwischen Dir und ihm, zwischen Erzieher und Hund. Wenn Dein Hund auf ernsthafte Leinenkorrekturen nicht reagiert, ebenso wenig auf Dein Kommando *Nein!,* wenn er Dich kneift, brauchst Du unbedingt die Hilfe eines Fachmanns. Du kannst zwar sicher mit einem Hund gut leben, der doppelt so häufig bellt wie normal, auch mit einem Hund, der unbedingt auf Deinem Sofa seine Mittagsruhe hält - mit einem beißenden Hund kannst Du aber nicht länger zusammenleben! Wenn Du Dich entscheidest, mit einem Problemhund nicht zusammenleben zu können, mindert dies den Wert Deiner Person nicht, wirst Du dadurch zu keinem schlechten Hundefreund. Vielmehr bist Du ein verantwortliches Mitglied der Gesellschaft, aggressive Hunde nützen niemandem. Es gibt enorme Fortschritte in der Erforschung hundlichen Verhaltens, an dieser Stelle seien besonders die Bücher von Dr. Roger Mugford - *Hunde auf der Couch* und John Fischer - *Verhaltensstörungen bei Hund und Katze* empfohlen - (beide erschienen im KYNOS VERLAG).

Kommt es bei einer großen Hunderasse wie beim Rottweiler zu Erziehungsproblemen, muß man sich um fachkundige Hilfe bemühen. Gemeinsam sollten die Probleme zu lösen sein.

GRABEN

Hunde lieben es zu graben, Mutter Natur schenkte ihnen die Pfoten und viele gute Gründe. Hunde graben nach Futter, Wasser, Schatten, Schutz, einem alten Knochen! Warum gräbt Dein Hund? Wenn es heiß ist, er sich in offenem Gelände aufhält - möglicherweise nach Schatten. Damit sagt er aber auch etwas zu Dir - er versucht sich zu kühlen. Ist ihm weder heiß noch ist er durstig oder ungeschützt, bemüht er sich möglicherweise um schöpferisches Graben.

Überschäumende Freude bei der Rückkehr. Kuro mit seinem Züchter Rick Tomita.

Der Hund langweilt sich, gräbt rein aus Spaß, insbesondere im weichen Boden in Deinen Tulpen oder unter der Tür, wo die Luft kühlt. Viele Fachleute empfehlen, den Hund nur in einem bestimmten Bereich graben zu lassen. Jedesmal, wenn er die Landschaft umgestalten möchte, bringt man ihn in diesen Bereich. Eine andere Möglichkeit der Erziehung besteht darin, wann immer er zu graben beginnt, ihn abzulenken, ihm eine andere Beschäftigung zu bieten. Er erhält einen Kauknochen, man bricht zu einem kurzen Spaziergang auf, spielt Nachlaufen oder Apportieren, irgend etwas, was ihn von der Erde ablenkt. Durch diese Methoden können nicht alle Grabeprobleme gelöst werden, einige Trainer haben eigene Methoden entwickelt, aber keine absolute Lösung gefunden. Vielleicht hast Du auch einen besonders grabefreudigen Hund! Terrier sind zum Beispiel außerordentlich talentierte Gräber, aber auch Teckel, Meutehunde und Huskies können bei jedem Wettbewerb mithalten.

NÄSSEN

Du darfst dies nicht mit der Erziehung zur Stubenreinheit verwechseln, es gibt Welpen, die bei hoher Erregung oder Drohung nässen. Ein deshalb pinkelnder Hund darf nie ausgezankt werden. Am besten ignoriert man ihn nach einem solchen Versehen. Achte sorgfältig auf Anzeichen von Furcht und Erregung bei dem Hund, versuche, diese Erregung zu mildern. Einige Ausbilder erziehen einen solchen Welpen, auf Kommando zu urinieren; dadurch kann man sicher sein, daß die Blase leer ist, wenn der Hund im Haus einen Gast begrüßt. Der Besucher sollte ein Stück Futter anbieten, damit weiß der Hund, daß der Besucher freundlich ist, kein Anlaß zur Furcht besteht. Sei geduldig, unterstütze den Welpen, gib ihm Selbstvertrauen und schnell löst sich das Problem von selbst. Es wäre richtig, gemeinsam mit dem Tierarzt zu überprüfen, ob vielleicht eine körperliche Ursache vorliegt, die man behandeln muß.

Raffinierter Als Die Anderen?

Was denkt eigentlich Dein Welpe, wenn er Dich so schmelzend anschaut? Denkt er überhaupt? Echtes Denken? Diese Fragen haben schon die Klügsten unter den großen Denkern der Menschheit beschäftigt - Aristoteles, Descartes, Shakespeare, Darwin, Thomas von Aquin..., nicht zu vergessen Dave Barry und Gary Larson. Aristoteles, der Größte von ihnen, glaubte, daß Hunde tatsächlich denken, aber nicht in gleichem Maße wie dies der Mensch vermag.

Wie intelligent ist Dein Welpe? Ein perfekter Schüler - ein munterer Border Collie - bereit, es mit der ganzen Welt aufzunehmen, jedermann zu hüten, der sich in seiner Obhut glücklich fühlt.

Heute wissen wir, daß Hunde etwas tun, was dem Denken ähnelt - sie lernen aus Fehlern, lösen Probleme und nutzen ihre Erfahrungen. Wir haben die Hunde nicht mit den niedrigen Primaten in eine Gruppe gepreßt. Wir räumen aber ein, daß ihre Fähigkeiten sie in die höheren Lebensformen wie Gorillas, Schimpansen und Delphine einreihen.

Natürlich - Hunde wie alle anderen Säugetiere - haben keine Sprache wie wir Menschen. Kein anderes Säugetier besitzt Kommunikationsfähigkeit über Sprache wie der Mensch. Trotzdem verständigen

Diese Labrador-Welpen lernen durch Zuschauen und Selbsttun. Verbringe mit Deinem Junghund viel Zeit, halte Verstand und Pfoten beweglich. Wenige Rassen lernen so viel und bereitwillig wie der Labrador Retriever.

Der American Bulldog hat den Ruf, daß er seiner Veranlagung nach sehr vielseitig ist. Richtig erzogen vermag er nahezu alle Aufgaben zu beherrschen.

sich alle aktiv untereinander, ohne Sprachbarrieren oder Generationenlücken. Tatsache ist, obgleich alle Hunde in Amerika *woof-woof* bellen, die Hunde in Deutschland *wau-wau,* sie sich untereinander weitaus besser verstehen als in aller Regel erstmals aufeinandertreffende Amerikaner und Deutsche.

Da Hunde sich nicht in menschliche Emotionen, soziale Erwartungen und dergleichen verfangen haben, sind sie natürlicher, instinktgeprägter geblieben. Andererseits denken wir Menschen sehr häufig anstatt zu handeln. Hunde folgen ihren Impulsen, ihren Sinnen und Instinkten mit - wenn überhaupt - wenig Sorgen und Erwartungen.

Wir wünschten, Hunden menschliche Gesichter und Emotionen zu übertragen. Vor kurzem wurde in den amerikanischen Medien über den Angriff zweier Pit Bull Terrier auf ein älteres Paar berichtet. Die in das Tierheim eingelieferten Hunde wurden dabei als *offensichtlich völlig reuelos* beschrieben. Aber Hunde grübeln nicht, sie fühlen keine Schuld, sie versuchen nicht vorauszudenken, sie empfinden im menschlich philosophischen Sinn trotzdem keine Schuld. Und trotzdem denken sie!

Hast Du je darüber nachgedacht, was Dein Hund denkt, wenn er auf der Suche nach seinem Lieblingsspielzeug von einem Zimmer ins andere läuft? Und warum geht er, um seinen himbeerroten Kauknochen zu holen, nicht seinen Kalbsknochen, seinen Ball oder einen Hundekuchen? In seinem Kopf muß eine exakte Vorstellung bestehen, und diese muß er ausführen. Verglichen mit den mannigfaltigen Aufgaben eines Hundes bei schwierigen Unterordnungsprüfungen bedeutet dies nur einen ganz niedrigen Schwierigkeitsgrad.

Die zwei Shiba Inu - Kabuki und Tengu - des Autors leiden zuweilen an Hörstörungen. Merkwürdigerweise hören sie aber die Worte Spazierengehen *und* Futter *- ihre zwei Lieblingsbeschäftigungen - immer!*

Als Besitzer eines Hundes, der zu den schwersterziehbaren aller Hunderassen gehört, kann ich Dir versichern, daß nur ein denkendes Tier selektiv zu hören vermag. Meine beiden Shiba Inus haben diese charmante und problematische Fähigkeit. Selektives Hörvermögen bedeutet nämlich, daß sie immer nur das hören, was sie hören wollen..., plötzlich ertaubt das gleiche Tier völlig, starrt in eine ganz andere Richtung, denkt über das Weltall und all seine faszinierenden Bestandteile nach.

Wir wissen, Hunde sind soziale Tiere, und als Rudeltiere müssen sie untereinander kommunizieren, ebenso mit ihren menschlichen Herren und Freunden. Hunde versuchen, ihre Gefühle auszudrücken. Ihre wedelnden Ruten sagen uns, daß sie glücklich und fröhlich sind, uns zu sehen. Ihre gefletschten Zähne drücken ihren Ärger aus. Durch nach oben schutzlos preisgegebenen Bauch zeigen sie völlige Unterwerfung an. Stellungen und Gesten unserer Hunde sind durch Riten beherrscht. Jeder Hund erkennt klar die geduckte Spielhaltung anderer Hunde, die eines Riesenmastiffs genauso wie die eines winzigen Italienischen Windspiels. Wir Menschen könnten sogar an diese hundlichen Stellungen selbst einnehmen, unsere Hunde werden dies im Spiel akzeptieren. Wenn der Hund Dich dabei auch nicht als Hund anerkennt, reagiert er auf Deine Haltung, hat viel Freude am Spiel. Keine Mißverständnisse! Du solltest nicht glauben, Du könntest jetzt bellen und *mit der Rute wedeln.* Dein Hund sehe darin etwas anderes als einfach nur Spiel. Tatsächlich können nur Hunde durch hundliche Gesten echt miteinander kommunizieren.

Natürlich gebrauchen Hunde auch ausgiebig ihre Stimmen. Das Bellen des Hundes zeigt seine Erregung, enthält aber nicht notwendigerweise echte Informationen. Seine Töne sind zahlreich und haben alle eigene Bedeutung. Es gibt ein Bellen, mit dem sie uns auf sich aufmerksam machen, uns rufen; es gibt ein Knurren, uns zu warnen; wir unterscheiden ein Weinen, das uns sagt, daß sich der Hund verletzt hat. Ein anderes Bellen erinnert uns, daß unser Hund ein Meutetier ist; sein Heulen definiert eigenes Territorium. Helles Kläffen fordert *achte auf mich.* Und das Seufzen... ist ein Seufzen. Es gibt von jedem Klang zahlreiche Variationen, deren Bedeutung ein ganzes Taschenwörterbuch füllen würde. Wir sollten viel genauer unseren Hunden zuhören, genauso wie wir von ihnen erwarten, daß sie auf jedes unserer Worte achten.

Wir wissen, unsere Hunde vermögen keine eigenen Worte zu formulieren, wir wissen aber auch, daß sie viele unserer Worte wirklich verstehen. Ein durchschnittlich ausgebildeter Hund kennt etwa 50 bis 100 Worte, vom einfachen Sitz und Bleib bis zu Worten wie Hopp, Küche, Such, Pinkeln und Ruhe. Hunde lernen Worte einzeln wie auch aus dem Tonfall unserer Stimme. Hunde reagieren darauf, wie

Dies ist echte Hundesprache... »Ooh, Aah, Ooooooh!«

wir die Worte aussprechen, sind gegenüber unserem Sprachrhythmus sehr sensibel.

Genau wie unser Hund in einer Reihe von Einzellauten bellt, heult oder winselt - genauso bestehen unsere Worte aus einer Serie von Klängen, die eine Bedeutung übertragen. In der Erziehung brauchen wir einfache, einsilbige Kommandos - setzen in bestimmten Fällen den Hundenamen dazu. Ohne Zweifel vermag aber ein Hund auch den Inhalt eines langen Satzes zu verstehen, sogar darauf zu reagieren. Hunde werden wahrscheinlich denken, wir machten viel zu viele überflüssige Worte. Ihnen zuliebe will ich dies hier nicht noch näher erläutern.

Diese Körperstellung ist eine Einladung zum Spiel. Der ganze kleine Hundekörper steckt voller Spannung.

Rottweiler mögen Hundebücher über ihre Rasse, am liebsten kurz, mit viel Humor geschrieben und ihnen von Kindern persönlich vorgelesen.

INSTINKTE

Um die Intelligenz eines Hundes zu bestimmen, gebrauchen wir immer wieder Verallgemeinerungen hinsichtlich Rasse, Persönlichkeitstyp und - in einigen Fällen - Geschlecht des Tieres. Vielleicht ist der Allerintelligenteste aller Hunde wirklich der Border Collie. Er ist ein außerordentlich umfassend auszubildender Hund, immer nur glücklich, wenn er einem Kommando gehorchen darf. Der Border Collie besticht bei formalen Unterordnungsübungen wie komplizierten Hüteleistungsveranstaltungen. Hütehunde, dazu gezüchtet, Worten und Handsignalen des Menschen zu folgen, nehmen in der hundlichen Intelligenzreihe einen hohen Rang ein. Ganz oben angesiedelt sind Deutscher Schäferhund, Sheltie und Australian Cattle Dog.

Aber auch der Pudel wurde über lange Zeit aufgrund seiner erstaunlichen Intelligenz gegenüber anderen Hunden hervorgehoben. Über lange Zeit akzeptierte man Theorien, wonach der starke Oberkopf des Pudels mehr Platz für das Gehirn bietet. Unerklärt bleibt dabei aber die angeblich niedrigere Intelligenz anderer Hunde mit großen Köpfen wie English Bulldog, Bullmastiff und Bordeaux Dogge. Gerade die Bordeaux Dogge wirkt nicht besonders pfiffig, hat aber den größten Kopfumfang in der ganzen Hundewelt. Wie dem auch sei - in allen Wettbewerben überragt der Pudel, ist für viele Ausbilder weltweit aufgrund seiner Schnelligkeit zu lernen und seines Erinnerungsvermögens der Favorit. Ich glaube, der Pudel ist sogar noch geschickter als der Border Collie. Das schließe ich einfach daraus, daß der Pudel an langen heißen Tagen nicht hinter Schafen

Ein Border Collie, beobachtet seine Schutzbefohlenen. Diese in Schottland gezüchteten Schäferhunde vermögen hunderte von Kommandos zu erlernen und zu unterscheiden (in Wort, mit der Pfeife und durch Handzeichen).

Nicht der klügste Hund, aber die Bordeaux Dogge rühmt sich des größten Kopfumfangs aller Hunde.

bergauf und bergab herläuft.

Heiß umstritten ist die Intelligenz des Golden Retrievers. Dieser wunderbar strahlende Hund lebt geradezu, um seinem Herrn zu dienen. Aber bei Jagdhundeprüfungen besticht er nicht in gleichem Masse wie der Labrador Retriever. Vielleicht zeigt der Golden Retriever bei hartem Wettbewerb kleine Schwächen, weil er alles richtig machen möchte. Labradors arbeiten mechanischer, bestechen dadurch bei den Anforderungen von Jagdhundeprüfungen besonders. Statistiken zeigen uns, daß bei solchen Prüfungen schwarze Labrador Rüden die intelligentesten der Rasse sind. Etwa 90 Prozent der Field Trial Champions sind schwarze Labrador Rüden. Hündinnen erweisen sich als schwerer erziehbar, Rüden eignen sich besser für harte Ausbildungsmethoden, werden auch durch den Oestrus nicht unterbrochen. Beide Jagdhunderassen - Labrador wie Golden - werden in Fachkreisen aufgrund ihrer Geschicklichkeit hoch anerkannt. Im allgemeinen geht man davon aus, daß Spaniels wie Retriever eine wesentlich bessere Ausbildungsfähigkeit haben als der winzige Papillon. Der Papillon ist ein Jagdhund en Miniature, seine Ausbildung macht viel Spaß.

Er trägt alles in seinen Genen, Labrador Retriever haben bei Field Trials *kaum echte Wettbewerber! Diese Hunde sind außerordentlich ausbildungsfähig, belastbar, führen unter den verschiedensten Umweltverhältnissen und Streßbelastung ihre Arbeit großartig aus.*

Dobermänner und Rottweiler, zwei starke Gebrauchshunderassen, genießen gleichermaßen hohes Ansehen, verkörpern Verstand und Arbeitsfähigkeit in ansprechender schwarzlohfarbener Verpackung. Beide Hundeathleten sind vorzügliche Wachhunde, erfolgreiche Wettbewerber auf Schutzhundprüfungen wie Unterordnungswettbewerben.

Terrier werden für Unterordnungsprüfungen weniger empfohlen, sie sind ja von Haus aus auch in erster Linie für die Raubzeugjagd unter der Erde gezüchtet. Richtig betrachtet sind Terrier eine ausgeprägt eigenwillige und ausdauernde Hunderasse. Man braucht bestimmt einen mutigen, furchtlosen Hund, um unter der Erde zu jagen, scharfzahnige Dachse und Füchse zu stellen oder aus dem Bau zu treiben. Erst einmal in den Bau eingeschlieft, braucht der Terrier auch nicht viel Anweisungen, er ist seiner Natur nach ein Terrier. Seine Terriermerkmale sind es, die ihm den Erfolg sichern - keine törichten Handsignale und Pfeiftöne. Die meisten von uns tadeln Terrier, wenn sie sich im Unterordnungsparcours als weniger erfolgreich erweisen. Die ähnlich gezüchteten Zwergschnauzer gehören zu den erfolgreichsten Wettbewerbern, wenn es um Gehorsam und Unterordnung geht.

Der Papillon, ein Zwergspaniel, nimmt es mit jedem anderen Hund auf. Außerordentlich munter und verspielt sind Papillons treue Familienhunde, dabei recht lerneifrig.

Hunderassen, die schon immer für unterschiedliche Aufgaben eingesetzt wurden wie Brittany Spaniel, Berner Sennenhund, Ungarischer Vizsla, Airedale Terrier und Riesenschnauzer erweisen sich im allgemeinen als überdurchschnittlich leicht erziehbar und intelligent.

Der Zwergschnauzer überragt viele Terrier in Vielseitigkeit und Lerneifrigkeit. Dieser Zwerghund imponiert beim Hindernissprung auf einem Agilitywettbewerb.

So gehört der Vizsla zu den vielseitigsten Allzweckjagdhunden. Der Airedale vermag eine Vielzahl von Aufgaben zu erfüllen, ursprüngliche Terrieraufgaben, als Wachhund, als Meldehund und in Unterordnungsprüfungen. Seine lange Rassegeschichte als Helfer des Menschen hat zu einer besonders hohen Ausbildungsfähigkeit geführt.

Bullyrassen für uns alle! Bull und Terrier Hunde - der Inhalt dieser Karre - tun alles, um ihren Menschen zu gefallen. Auch Bulldoggen lassen sich für vielerlei Aufgaben erziehen, führen sie aber stets in einer gewissen Machohaltung durch.

Meutehunde gehören in der Erziehung zu den schwierigsten Hunderassen. Der Beagle, ein kleiner Meutehund, verfügt über den Ruf, für die Stubenreinheit besonders lange Zeit zu brauchen. Tatsache ist, Beagles und die meisten Meutehunderassen (Foxhounds, Bassets, Coonhounds) sind im Lernen etwas langsam. Diese Hunderassen wurden aber auch nicht für besonders leichte Erziehbarkeit gezüchtet und ausgewählt, im Vordergrund stand ihre Nasenleistung und ihre Anpassungsfähigkeit an das Meutegeschehen. Ihre Umwandlung vom im Freien lebenden Meutehund zum Familienhund erweist sich als schwierig, gerade Stubenreinheit gehört nicht zum Prüfungsfach für im Freien lebende Hunde. Auch die Windhunderassen (Greyhound, Saluki, Whippet, Afghanen) gehören nicht gerade zu den Hunden, die besonders schnell lernen. Dies schreibt man in erster Linie ihrer Unabhängigkeit zu, ihren rennsportlichen Aufgaben, wobei ihre Unterordnungsfähigkeit gegenüber dem eigenen Herrn immer etwas in den Hintergrund trat. Als vorzügliche eigenständige Jäger waren diese Hunderassen traditionell wenig vom Menschen abhängig, vermochte ihnen der Mensch doch bei ihrer Aufgabe wenig zu helfen.

Meist sind Beagle etwas langsam beim Lernen - solange es nicht ums Futter geht. Dieser hübsche Bursche kann nicht nur selbst den Kühlschrank öffnen, er ist auch geschickt genug, um sich einen Mitternachtssnack zu holen.

Philosophie im Pekingesengesicht - dieser orientalische Zwerghund hat selten Zeit, sich um Kommandos zu kümmern. Pekingesen bevorzugen das ruhige Nachdenken.

Nordische Hunderassen wie Siberian Husky und Alaskan Malamute ordnen sich dem Menschen auch weniger gerne unter als andere Rassen dieser Gruppe. Gerade diese Hunde wurden zum Schlittenziehen gezüchtet, sind in erster Linie von der Rangordnung im Rudel abhängig. Hier entscheidet sich, wer der *König* ist. Ihm gegenüber ist im Gespann kein zweiter Schlittenhund von größerer Bedeutung - allein der Rudelführer ist der Hund, der für die Vorwärtsbewegung, für das Vorausdenken verantwortlich ist. Eine erwähnenswerte Ähnlichkeit zwischen Windhunden und Nordischen Hunden ist auch die große Schwierigkeit der Erziehung dieser Hunde, ohne Leine gehorsam zu sein.

Aus verschiedenen Gründen sollte man weder Greyhounds noch Huskies unangeleint lassen. Nicht umsonst nennt man Windhunde die *Hunde des Windes.* Es bedarf nur eines Augenzwinkerns und sie sind im gestreckten Galopp unterwegs. Seltsam genug, dieser gleiche Renninstinkt ist genauso ausgeprägt in den Huskies und vielen Spitzrassen, auch sie sind vorzügliche Galoppierer. Unangeleint kann man auch dem Shiba Inu nicht vertrauen - ein kleiner schnellfüßiger Hund. Dieser so manches Unheil stiftende Wunderhund ist schon den halben Weg bis nach Japan gelaufen, ehe der Sonnenuntergang hereinbricht.

Zu den am wenigsten erziehbaren Hunden gehören die Hunde der östlichen Länder. Damit spiegeln sie in keiner Weise den heutigen industriellen Osten, diese Eigenschaft ist mehr der Persönlichkeit und Eigenwilligkeit dieser Rasse zuzuschreiben. Sie zeigen sich leicht - oder vorsätzlich - abgelenkt, werden gestellter Aufgaben schnell überdrüssig, bestehen auf einem unabhängigen eigenen Denken. Zu diesen östlichen Freidenkern gehören Shih Tzu, Lhasa Apso, Pekingese, Chow Chow und Tibet Terrier, um nur wenige anzuführen.

Verkörperung von Eigenwilligkeit. Der Afghane hat mehr Hundeausbilder zur Verzweiflung gebracht als irgendeine andere Rasse. Frei Rennen und frei Denken, dieser Windhund läßt sich nicht fesseln - sollte aber immer an der Leine ausgeführt werden.

Sind diese Hunde aber aufgrund ihrer geringeren Ausbildungsfähigkeit weniger intelligent? Mit Sicherheit nicht! Ihre Zurückhaltung ist für sie rassetypisch, man findet Ähnliches bei Katzen. Die Bereitschaft eines Hundes, auf ein Kommando zu reagieren, vermag seine Erziehbarkeit wesentlich zu verbessern oder völlig in Frage zu stellen. Es ist außerordentlich wahrscheinlich, daß Chow Chow oder Pekingese auf Anhieb verstehen, was man von ihnen verlangt - möglicherweise sind sie dabei sogar schneller als der Border Collie oder der Pudel - aber es liegt ihnen nichts daran, sich ihrem Herrn unterzuordnen. Um diese östlichen Hundetypen zu erziehen bedarf es einer sehr sorgfältigen frühen Sozialisierung, um dadurch ihre Unterordnungsbereitschaft zu stärken.

Pudel sind sehr populär und leicht erziehbar, brauchen aber Besitzer, die sie fordern, sich mit ihnen befassen. Andernfalls werden sie zu kläffenden Sofarutschern.

Als Hundehalter wie Erzieher erkennen wir schnell, wie wichtig der geschichtliche Hintergrund der Rasse für ihre Erziehbarkeit, Intelligenz und die Möglichkeiten der Motivierung ist. Keine zwei Hunde sind gleich, ganz egal ob sie aus der gleichen Rasse stammen, verschiedenen Rassen angehören oder Mischlinge sind. Wir müssen jeden Hund *als ein Individuum* erkennen, seine Einmaligkeit respektieren, ihn wegen seiner Unterordnungsfreudigkeit oder Unabhängigkeit lieben. Jeder Hund wird damit zur neuen Herausforderung. Ob wir mit einem Border Collie gesegnet sind, der Körperkraft und Verstand einsetzt, oder mit einem hochintelligenten Pudel belastet sind, der sich mehr im Schönheitssalon aufhält - immer sehen wir uns der Herausforderung gegenüber, unseren hundlichen Vierbeiner zu einem angenehmen und liebenswerten Lebensgefährten zu erziehen.

Deutsche Schäferhund-Welpen haben Wunsch und Veranlagung, große Dinge zu leisten. Dieser versprechende Welpe wurde als künftiger Blindenführhund ausgesucht.

Ein sieggewohnter Pudel, der beim Wettbewerb im Flyball praktisch alles kann.

Future
Leader
Dog

Alltagsprobleme

Sprechen wir über eine Reihe von Alltagsproblemen, Dinge, die wir Menschen täglich tun, unsere Hunde nicht, beispielsweise Autofahren und Baden. Einige Hunde lieben beides - einige hassen beides. Unser Ziel ist, daß sich unser Junghund zu den ersteren gesellt. Autofahren über unsere Fernstraßen mit einem fröhlichen, pieksauberen, schön gepflegten Hund, der fröhlich aus dem Fenster des neuen Mercedes blickt - dies gehört zu den Wunschträumen jedes Hundefreundes.

Junghunde und Autos

Wenn der Züchter Deines Hundes zufälligerweise im Nachbarhaus oder am Ende der Straße wohnt, hat Dein Welpe wahrscheinlich noch keine einzige Autofahrt erlebt. Da alle Züchter dringend dazu raten, sofort nach dem Kauf den Welpen zum Tierarzt zu bringen, handelt es sich dabei meist um die zweite oder manchmal sogar erste Autofahrt. Natürlich könnte auch Dein Tierarzt direkt nebenan wohnen! Dann hast Du sehr viel Glück, Dein Welpe ebenfalls.

Für alle die anderen unglückseligen Menschen, die nicht gerade neben Tierarzt oder Züchter wohnen, heißt dies, so schnell wie möglich den Welpen an das Autofahren zu gewöhnen. Einige Hunde lieben Autofahren geradezu. Sie schauen durch das Fenster, beobachten vorbeigehende Hunde, alle Lichter und menschlichen Gesichter, riechen die Busabgase. Andere Hunde zeigen sich völlig verstört, sie springen auf der Rückbank hin und her, zittern und bellen, klettern auf den Schoß des Fahrers und stoßen dabei gegen die Gangschaltung. Wirklich kein angenehmes Bild - wir haben auch kein Foto dazu im Buch aufgenommen.

Wahr und richtig ist - der einzige absolut sichere Weg, einen Hund im Auto mitzunehmen, ist sein Käfig. Leider glauben die meisten Hundebesitzer, dadurch werde die sonntägliche Ausfahrt weniger lustig - oder daß ein Transportkäfig manchmal auch schwierig zu handhaben sei. Dann ist es doch sehr viel besser, wenn man den alten *Marbles* auf die Rückbank springen läßt und ab geht es. Wahrscheinlich kennst Du *Marbles* nicht, er ist ein ausgesetzter Hund, den wir an einer Straßenecke aufgelesen haben, deshalb nennen wir ihn *Marbles*

- *Murmel.* Dieser niemals erzogene *Marbles* tobt über jeden Rücksitz, markiert auf die neuen Autobezüge, winselt auf dem Weg zum und vom Tierarzt unaufhörlich.

Wenn Du Deinen Welpen erstmals mit einem Auto bekannt machst, solltest Du Dir an diesem Tag nichts weiteres vornehmen. Keinesfalls eine Fahrt zum Tierarzt! Achte darauf, daß Dein Welpe zuvor gepinkelt hat, einige Stunden kein Wasser trank. Setze Dich mit dem angeleinten Hund ins Auto. Er soll es sich bequem machen! Lasse ruhig die Tür offen, gib ihm einen Leckerbissen, stelle das Radio an, lese ein Buch. Am besten ein kleines Buch, vielleicht eine humoristische Erzählung. Das lenkt Dich ab.

Mit dem Führerschein in der Pfote bereitet sich dieser Pudel auf die Autofahrt vor.

Entscheide Dich vorher, ob Du einen Käfig benutzt oder ein Hundegeschirr, das recht leicht zu befestigen ist - Dein Welpe sieht darin aus wie *Laika - der erste Astronautenhund.* Wunderhübsch! Möglicherweise gefällt ihm das Geschirr sogar. Am besten solltest Du Deinen Hund schon im Haus mit dem Geschirr vertraut machen, noch ehe Du Dich mit Deinem Buch ins Auto setzt.

Beim nächsten Versuch machst Du Dir es wieder im Auto bequem, stellst das Radio an, läßt den Motor anspringen. Wenn Du zu der Art von Hundebesitzern gehörst, die sich für die Erziehung ihres Welpen viel Zeit nehmen, reicht dies bereits für Lektion 2 völlig aus. Geht es Dir aber so wie den meisten Lesern dieses Buches, kannst Du Dir wahrscheinlich keine 15 Tage leisten, um den kleinen Burschen langsam daran zu gewöhnen, für eine zehnminütige Fahrt zum Tierarzt fit zu sein. Möglicherweise beginnst Du bereits beim zweiten Mal mit dem Fahren. Vorsicht - wenn Dein Hund den Aufenthalt im geparkten Auto nicht mag, darfst Du die Erziehung nicht überstürzen. Es ist viel schwieriger, einen autoscheuen Hund wieder in Ordnung zu bringen! Gleich ob Lektion 2 oder Lektion 3 - wir beginnen jetzt mit der ersten

Fahrt durch die Nachbarschaft. Zeige Deinem Hund die schöne Aussicht, achte auf seine Lieblingsbäume, zeige ihm auch jenen Beagle, den er zuvor auf der Straße angekläfft hat, nimm als Spielzeug einen Ball mit. *Fahre jetzt keinesfalls zum Tierarzt!* Dies ist die erste Ausfahrt, sie muß viel Spaß machen!

Verbindet der Junghund das Auto erst mit einem unangenehmen Erlebnis, will er künftig nicht ins Auto steigen. Dein Welpe braucht fröhliche Erinnerungen! Fahr mit ihm in einen Kleintierzoo - nimm einen Freund mit! Wenn Du Deinem Freund den Eintritt bezahlst, hilft er Dir wahrscheinlich, Deinen Hund im Auto zu beruhigen. Ernsthaft - wenn zwei Menschen im Auto fahren, läßt sich der Welpe sehr viel besser betreuen und trotzdem sicher fahren.

Solche kleinen Ausfahrten bieten dem Welpen gleichzeitig eine interessante Sozialisierungszeit. Sprich mit dem Welpen, übertrage Selbstbewußtsein auf ihn. Lobe ihn tüchtig, wenn er kein Theater macht! Einige Hunde haben echte Probleme, sich im Auto still zu verhalten, keinen Lärm zu machen - etwa Bellen, Winseln und Wimmern. Wenn Du selbst fahren mußt, hast Du beträchtliche Schwierigkeiten, Deinen Hund beruhigend zu korrigieren. Er ist offensichtlich recht aufgeregt durch den Film, der vor seinen Augen abläuft. Möglicherweise sieht er draußen einige unangenehme Burschen. Vielleicht weiß er auch, daß dies kein Musical mit happy end ist.

Die ersten Erfahrungen von Junghunden im Reisekäfig sollten angenehm und vergnügt sein. Zusammensperren mit einem Kumpel kann entspannend wirken.

Drahtkäfige ermöglichen dem Hund mehr Ventilation und die Freiheit umherzuschauen. Die meisten dominanten Hunderassen bevorzugen diesen Käfigtyp. Drahtkäfige werden aber für Luftreisen nicht akzeptiert.

Jedenfalls mußt Du dem bellenden Hund eindeutig *Nein* sagen - oder ein anderes, passendes höfliches Wort, das ihn wieder beruhigt. Aber in aller Regel entspannt er sich ohnedies nach kurzer Zeit. Zeigt er sich bei der Autofahrt wirklich sehr erregt, gibt es keine Alternative als den Käfig, den er ja bereits gewöhnt ist.

Obwohl die meisten Hunde jede Gelegenheit zum Autofahren nutzen, treffen wir auf einige Welpen - auch ältere Hunde - die sich nie richtig an das Autofahren gewöhnen. Übelkeit entwickelt sich besonders bei Hunden, die im fahrenden Auto keine echte Balance finden. Dies alles ist für den Hund recht unangenehm, auch bestimmt für den Fahrer keine Freude! Er muß sich während der *Rush hour* durch den Verkehr schieben, während sein unglücklicher *Marbles* ausgiebig speichelt und versucht, auf seinen Schoß zu kriechen. Du solltest jedes Anzeichen auftretender Autokrankheit rechtzeitig erkennen, ehe ernsthafte Probleme entstanden sind. Der Anpassungsprozeß bei Hunden, die irgendwelche Anzeichen von Autokrankheit haben, muß recht langsam verlaufen. Möglicherweise kann Dir in schwierigen Fällen Dein Tierarzt auch Tabletten gegen Reisekrankheit des Hundes verschreiben.

Ausstellungshunde sollte man grundsätzlich nur in ihren Käfigen im Auto fahren lassen, eine gute Vorbereitung auf künftige Ausstellungsreisen. Im Käfig erhält der Junghund kein Wasser. Gewöhne den Welpen sorgfältig an kurze Reisen, ehe Du längere in Angriff nimmst. Fröhliche Fahrt!

Am sichersten reist ein Hund im Käfig. Insbesondere Ausstellungshunde sollte man frühzeitig an den Käfig gewöhnen.

FELLPFLEGE

Wenn Dein Hund auch nicht zu jeden Rassen gehört, die eine sehr komplizierte Fellpflege brauchen, muß jeder Hund an Kämmen und Bürsten gewöhnt werden. Unter Fellpflege verstehe ich hier etwas anderes als das ruhig Stehenbleiben, während der kundige Hundefriseur die Schönheit eines Pudelfells vollendet. Zur Pflege gehören auch das Krallenschneiden, Bürsten und Kämmen des Fells, Kontrolle von Ohren, Pfoten, Zähnen und Augen, gelegentliches Baden, regelmäßige Kontrolle auf Flöhe und Zecken. Diese Pflegezeiten sollten für Dich wie den Hund angenehm verlaufen. Gehört Dein Hund zu den pflegeintensiven Rassen, solltest Du besonders darauf hinarbeiten, daß der Hund für die Pflegezeiten die notwendige Konzentration und Geduld entwikkelt. Neben den pflegeintensiven Pudeln gibt es viele andere Hunderassen - beispielsweise Yorkies - bei denen gerade bei Ausstellungshunden beträchtlicher Pflegeaufwand betrieben werden muß. Im Warteraum des *Schönheitssalons* findest Du Bichon Frisé, Lhasa Apso, Shih Tzu, Chow Chow, Malteser, Schnauzer, Collie, Samoyede, zahlreiche Terrierrassen und viele andere.

Ist Dein Hund klein genug, um ihn auf einem Tisch zu pflegen, solltest Du einen eigenen Pflegetisch kaufen, notfalls eine Tischplatte entsprechender Größe verwenden. Achte darauf, daß die Oberfläche dem Hund guten Halt bietet, nur dann kann sich der Hund sicher fühlen, rutscht nicht weg. Gewöhne den Welpen auch daran, sich auf der Seite liegend bürsten zu lassen. Glücklicherweise haben die dominant ausgeprägten Hunderassen in der Regel kein besonders pflegebedürftiges Fell, während die meisten pflegeintensiven Rassen über eine hohe natürliche Toleranz verfügen.

Dein Hund muß sich auch daran gewöhnen, an den Pfoten berührt zu werden. Kontrolliere seine Ohren auf Ohrenschmalz. Untersuche regelmäßig sein Fell auf Parasiten, Verletzungen und dergleichen. Das Krallenschneiden gehört bei vielen Hunden zu den recht unangenehmen Dingen - kommt direkt nach dem Baden! Gewöhne den Hund rechtzeitig an seinen neuen Freund - die Nagelschere, wobei der Typ Guillotine empfohlen wird. Gewöhnst Du Deinen Welpen von Anfang an daran, sich die Pfoten anfassen und kontrollieren zu lassen, hast Du gute Vorarbeit für das Krallenschneiden geleistet. Halte seine Pfoten und küsse seine Zehen! Sag ihm, daß er ein guter und wunderhübscher Hund ist. Laß ihn auch die Krallenzange ausgiebig beschnüffeln. Nimm

Dieser Afghane ist schon ein ganzer Arm voll Pflegearbeit. Afghanen haben nahezu menschenähnliches Haar, das regelmäßig gepflegt werden muß. Schon die Welpen müssen früh an laufende Fellpflege gewöhnt werden.

immer nur an jedem Nagel die Spitze - nur die Spitze - sonst könnte eine Blutung entstehen. Ein blutstillender Stift zur Hand ist grundsätzlich kein Fehler, obwohl keine Probleme auftauchen sollten, wenn man tatsächlich immer nur die Spitze abzwickt. Sage Deinem Hund, wie brav er ist, daß er sich die Krallen schneiden läßt. Hat er das erste Schneiden hingenommen, versuche es mit dem zweiten Nagel. Wenn Du beides am ersten Tag erreicht hast, ist dies schon durchaus ein Erfolg. Bis zum Wochenende ist dann die erste wunderbare Maniküre abgeschlossen! In der zweiten Woche kannst Du Dich ja dann um die *Pediküre* kümmern.

Zeit zum Zähnebürsten! Ja - wir leben in modernen Zeiten - man putzt seinem Hund die Zähne! Gewöhne Deinen Welpen daran, daß er sich am Fang berühren läßt. Fährst Du später mit ihm auf Ausstellungen, muß er sich auch daran gewöhnen, daß der Richter in seinen Fang schaut, Gebißstellung kontrolliert und die Vollständigkeit des Gebisses überprüft. Dabei geht es um alle Zähne, deshalb sollte man sie von Anfang an sauber und gesund halten. Beim Zoofachhandel oder Tierarzt erhält man eine Hundezahnbürste (weich und gekrümmt), spezielle Hundezahnpasta. Die Zahnpasta für Menschen ist bei Hunden verboten!

Gewöhne den Hund an das Zähnebürsten, erst später macht man es mit Zahnpasta. Andernfalls verwechselt er sie möglicherweise mit Futter, versucht die Paste von

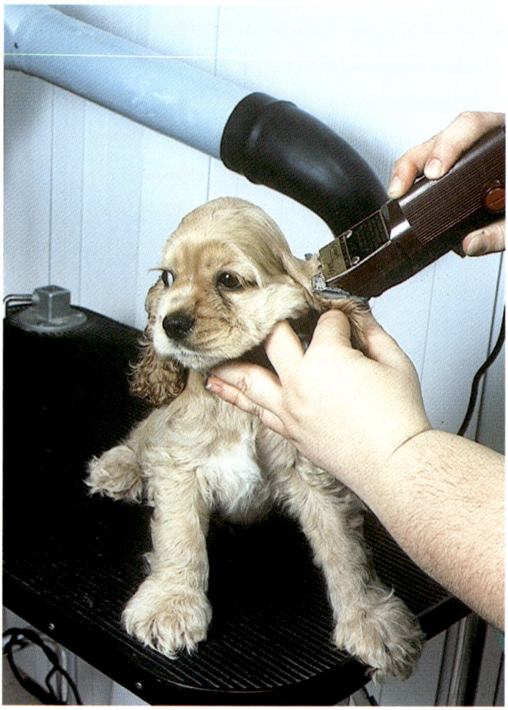

American Cocker Spaniel müssen den Hundepflegesalon so häufig besuchen wie viele andere Rassen. Gut mit Menschen sozialisierte Welpen lassen sich gerne pflegen, freuen sich auf die Behandlung.

der Bürste zu lecken. Natürlich unterstützen kluge Hunde Zahnbürstversuche mit der eigenen Zunge. Mache Deinem Hund klar, dies ist Arbeit, kein Spiel! Es ist durchaus in Ordnung, wenn der Hund die Pflegezeit mit Dir genießt, er muß aber auch wissen, daß alles mit ernsthafter Arbeit verbunden ist. Sicher magst Du es nicht, wenn Dein Hund anfängt, die Bürste oder Deine Hand zu benagen. Bürste zuerst aufwärts und abwärts, vergiß dabei nicht die hintere Seite der Zähne. Lobe den Hund während des ganzen Putzens tüchtig, anschließend erhält er einen Klaps und als Belohnung ein Stück Kauknochen.

Vorsicht mit dem Baden des Hundes, einige Hunde zeigen sich wirklich verzweifelt, wenn sie in einer Badewanne naß werden. Dabei kann es sich

Zähnebürsten mögen Hunde und ihre Pfleger weniger. Trotzdem hält einmal wöchentlich Bürsten das Lächeln perlweiß.

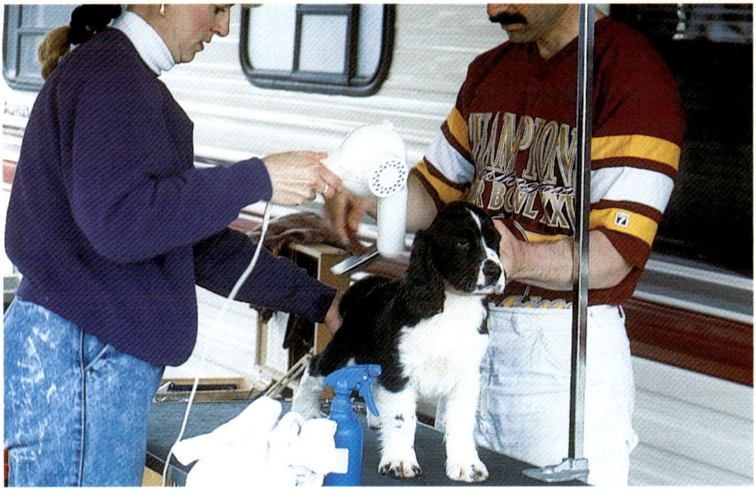

Selbst einige Jagdhunderassen haben mehr Fell als man sich vorstellt. Dieser English Springer Spaniel-Junghund wird für die erste Ausstellung in der Welpenklasse vorbereitet.

durchaus um den gleichen Hund handeln, der mit größtem Vergnügen durch den Schlamm tobt, deshalb als erster auch ein richtiges Bad braucht. Gewöhne den Junghund langsam an das Badezimmer oder den Pflegeraum. An einem warmen Tag könnte das erste Bad im Freien die richtige Wahl sein. Wenn Dein Hund nicht aus einem Schlammbad kommt, mit einem Skunk zusammengestoßen ist oder sonst üblen Geruch mit nach Hause bringt, braucht man das erste Bad nicht zu überstürzen, kann den Hund sorgfältig darauf vorbereiten. Setze zunächst den Welpen in die Badewanne, versuche ihm Freude zu machen. Wie wäre es mit einem Foto! Setz ihn hinein und sprich mit ihm. Ist er auf das Baden ruhig vorbereitet, nimmst Du am besten eine milde Brause, um den Badeprozeß genau zu dosieren. Zuvor hast Du Schampun bereitgestellt. Durchnässe sein Fell gründlich, schampuniere, achte darauf, daß das Schampun tüchtig ausgespült wird. Seife verboten, alle Rückstände können Juckreiz auslösen. Nach dem Baden müssen Tücher zur Hand sein, auch eines für den Bademeister!

Mit Ausnahme von Retrievern und Wasserhunden - die meisten Hunde mögen das Baden nicht. Trotzdem muß man sich hier durchsetzen. Ein sauberer Hund ist immer auch ein fröhlicher Hund.

Du solltest Dir das Baden des Hundes nicht ausreden lassen. Natürlich braucht der Hund kein wöchentliches Bad, aber bei starker Verschmutzung ab und an hat es noch keinem geschadet.

Höhepunkte im Hundeleben

Für den Erstbesitzer eines Hundes, der noch gar nicht so ein echter *Hundemensch* geworden ist, zeigt sich die Welt unserer Hunde zunächst als eine Art Mysterium. *Hundemenschen* sind nicht einfache Hundebesitzer! Ihre Hunde sind mit ihren eigenen Wünschen, Zielen und Wohlbefinden untrennbar verbunden. Züchten, Ausbilden und Ausstellen von Hunden bilden eine eigene Welt, die Dich und Deinen Welpen einladen, erforscht und erlebt werden müssen. Viele nachstehende Ereignisse dienen in allererster Linie der Rassehundezucht, aber einige Höhepunkte stehen Rassehunden wie Mischlingen gemeinsam offen, machen Hunden wie Besitzern viel Freude!

HUNDEAUSSTELLUNGEN. In vielen Ländern gibt es praktisch an jedem Wochenende des Jahres irgendeine Ausstellung, je nachdem, wo man selbst lebt. *Hundemenschen* machen sich nicht viel Gedanken, acht Stunden zu einer einzigen Hundeausstellung zu fahren, durchaus auch einmal zu übernachten. In vielen Ländern sind selbst Flugreisen eine Selbstverständlichkeit. Es gibt Hundeausstellungen für alle Rassen (mit etwa 150 Einzelrassen), daneben Spezialausstellungen für nur eine Hunderasse. Solche Spezialausstellungen werden manchmal auch für eine Rassegruppe durchgeführt, beispielsweise für Windhunde oder für Terrier. Auf Hundeausstellungen können bis über 10.000 Hunde miteinander konkurrieren, in einzelnen Klassen stehen sich aber manchmal nur zwei bis fünf Bewerber gegenüber. Die größte Hundeausstellung der Welt ist *Crufts Dog Show,* sie wird alljährlich in Birmingham in England

Seit dem Jahr 1877 wird auf der jährlichen Westminster Kennel Club Dog Show in New York City die Super Bowl *ausgetragen. Dies ist die prestigeträchtigste amerikanische Ausstellung, die zweitälteste in den USA.*

Eine Shih Tzu-Familie, gut für den Wettbewerb vorbereitet. Wie hoch ist der Einsatz? Standmusterung, Kreislaufen und lange Stunden vorangehender Fellpflege einschließlich Aufbinden der Haare. »Schönheit muß leiden!«

abgehalten. Über vier Tage werden dort bis zu 20.000 Hunde einer breiten Öffentlichkeit präsentiert.

Auf einer Hundeausstellung wird jeder Einzelhund auf Grundlage des Rassestandards beurteilt. Darin ist festgelegt, wie der ideale Vertreter der Rasse aussehen sollte, welcher Charakter verlangt wird. Dieser Rassestandard wird im Ursprungsland der Rasse aufgestellt, von den anderen Ländern übernommen. Wenn es im Ausstellungsring auch aussieht als würden die Hunde gegeneinander bewertet, in Wirklichkeit ist das Bewertungsmaß der Rassestandard. In England nennt man dies *Conformation Shows,* weil jeder Hund danach beurteilt wird, inwieweit er mit dem Rassestandard *konform* ist. Um ein Championat zu gewinnen, muß ein Hund gegen eine Vielzahl von Wettbewerbern seiner eigenen Rasse, gerichtet in einer Vielzahl von einzelnen Klassen, den Sieg davontragen. Die Voraussetzungen für ein Championat variieren in den einzelnen Ländern beträchtlich. Ziel ist es aber immer, den Hund zum Champion zu machen, der dem Rassestandard am nächsten kommt.

Um einen Junghund an den Ausstellungsring zu gewöhnen, kann man ihn erstmals auf einer Klubausstellung in der *Puppyclass* vorstellen. Hier gibt es echte Chancen der Eingewöhnung, der Junghund wird mit Menschen und Tieren vertraut. Gleichzeitig bieten solche Ausstellungen Gelegenheit, sich auch als Zweibeiner mit dem Ausstellungssport vertraut zu machen. Züchter und Helfer auf solchen Ausstellungen werden sich gern etwas Zeit nehmen, um Neulinge mit dem Ablauf vertraut zu machen. Man kann auch mit einer Vielzahl Gleichgesinnter über Hunde *hundeln.*

UNTERORDNUNGSWETTBEWERBE. Zahlreiche Vereine bieten Hundehaltern Gelegenheit, auf eigens eingerichtetem Gelände die Hunde miteinander zu sozialisieren, Grundbegriffe der Unterordnung zu erlernen. Von Jahr zu Jahr erfreuen sich diese Einrichtungen vermehrter Popularität. Grundsätzlich stehen sie Rassehunden wie Mischlingen offen. Durch formelle Unterordnungsübungen lernen die Teilnehmer, sich an späteren Wettbewerben zu beteiligen. Die Aufgaben erstrecken sich vom grundlegenden *Sitz* und *Platz* bis zum schwierigeren Suchen, Weitsprung,

Unterordnungswettbewerb mit vier Prüflingen vor dem langen Sitz-Bleib.

Ein multitalentierter, mit vielen Titeln ausgezeichneter Cocker Spaniel beim Weitsprung. Dies ist Ch. Sandor's Dutch Chocolate, UDTX, Besitzer Judy Iby.

Der Papillon hat eine besonders gute Nase, arbeitet hier beim Herausfinden eines Gegenstandes mit einem bestimmten Geruchsbild. Wir stellen vor: Marsan Marshalik Am-Can. UD.

Die ausgiebigsten Field Trials werden für Retriever Rassen abgehalten. Field Trials sind teurer, zeitraubender Hundesport. Verhältnismäßig wenig Hunde werden jährlich Field Trial Champions.

Apportieren und Hürdenklettern. Es macht viel Freude, den Junghund in der Gruppe unter fachkundiger Anleitung zu entwickeln, so daß er präzise und freudig alle Kommandos ausführt. Vom äußerst empfehlenswerten *Welpenkindergarten* bis zu den einzelnen Unterordnungsprüfungen liegt ein breiter Aufgabenbereich. Es macht Spaß zu erleben, wie zielsicher und begeistert der Junghund die Aufgaben erfüllt.

FIELD TRIALS. Bei der Jagdhundeausbildung für Deutsche Vorstehhunde, Retriever, Pointer, Spaniel, Beagle, Setter und Teckel gibt es eine Fülle jagdlicher Aufgaben. Maßgebend für die Prüfungsaufgaben sind die Bestimmungen der Jagdgebrauchshundeverbände. Dabei wird versucht, den jagdlichen Alltag zu simulieren. Sehr verbreitet sind Retrieverprüfungen, Veranlagungsprüfungen für Junghunde, Bodenarbeit für die Jagd auf Fuchs und Dachs. Echte *Field Trials* sind in vielen Ländern großer Sport, die Erziehung für diese Prüfungen setzt intensivste Arbeit mit dem Hund voraus. Natürlich gibt es Berichte von Hun-

Dies ist für den Retriever eine weniger schwierige Aufgabe. Bei einem Fun Trial *apportiert dieser Chesapeake Bay Retriever eine Taube.*

debesitzern, die im nahegelegenen Dorfteich ihre Hunde angelernt haben - im allgemeinen bedarf es aber eines vielseitigen, jagdlichen Ausbildungsgeländes. Hier empfiehlt sich immer eine enge Zusammenarbeit mit den Rassezuchtvereinen und den Jagdgebrauchshundeverbänden, um dem Hund seiner Veranlagung entsprechende Aufgaben zu stellen.

FÄHRTENARBEIT. Hunde sind Nasentiere - entsprechend breit sind die ihnen hier gebotenen Aufgabengebiete. Zahlreiche Rassen können Fährten ausarbeiten, an der Spitze stehen die bewährten Gebrauchshunderassen, nicht zuletzt aber auch der Bloodhound, der besonders für seine gute Nase bekannt ist. Auf der Fährte arbeiten können aber Rottweiler genauso wie Chihuahuas, eine Aufgabe, die den meisten Hunden Freude macht. Es gibt eine Vielzahl von Aufgaben auf verschiedenem Terrain und verschiedenen Prüfungssituationen. Auf höchster Ebene erwartet man von dem Nasenspezialisten eine klare Unterscheidung unterschiedlicher Fährten und Nachsuchen von Spuren, die viele Stunden alt sind. Eine besonders reizvolle Aufgabe, die im Notfall auch Menschen retten kann, ist die Erziehung des Hundes zum Rettungshund. Gut ausgebildete Hunde finden ihren Einsatz bei Naturkatastrophen, aber auch zur Nachsuche, falls sich Menschen verirrt haben. Das Rettungshundewesen gewinnt international immer mehr an Bedeutung. Im Einsatz zur Rettung von Menschen trifft man auf Neufundländer wie Bernhardiner, Retriever,

Kiwi, ein ausgebildeter Rettungshund, absolviert einen Suchtest und könnte eines Tages Menschenleben retten. Sein Führer ist Fay Johnson.

Wer hat diesen Mop über das Hindernis geworfen? Dieser talentierte Agilityhund ist ein Puli, eine der lebhaftesten Hunderassen der Welt.

Deutsche Schäferhunde, Rottweiler, Airedale Terrier, Boxer, Bull Terrier und viele weitere Rassen. Wichtig ist auch der Einsatz des Hundes auf der Suche nach Rauschgift und Sprengstoffen. Die Polizei erzieht hier ihre eigenen Suchhunde für Spezialaufgaben. Im Alltag bewährt haben sich sowohl die traditionellen Gebrauchshunderassen wie Bloodhound, Beagle und Retriever. Es gibt hierzu keine sportlichen Prüfungsordnungen, vielmehr werden die natürlichen Begabungen der Hunde zum Segen der Menschheit genutzt.

AGILITYSPORT. International wurde Agility innerhalb von 20 Jahren zum härtesten Wettbewerbsport der Hundewelt. Die Prüfungen bieten ein Hindernisrennen, fordern von Hund und Führer engste Zusammenarbeit, um schnell und fehlerfrei den Parcours zu überwinden. Diese Sportart wurde international weitgehend standardisiert, zu den Hindernissen gehören A-Rahmen, Hundeüberweg, Tunnel, Slalomparcours und Wippe. Die Prüfungen sind für Mensch und Hund, nicht zuletzt aber auch für die Besucher außerordentlich spannend. Die Ausbildung erfordert hohen Einsatz, von den Vereinen sachgerechte Ausstattung. Zahlreiche verschiedene Rassen konkurrieren bei diesem Wettbewerb, wobei es für die kleinen Hunderassen Spezialwettbewerbe gibt. Der Sport entstand in Großbritannien, ist heute aber in ganz Europa, in den United States und in Kanada sehr populär gewor-

Dieser Dalmatiner arbeitet unermüdlich, hier beim Reifensprung!

Hürdensprung eines gelben Labrador Retrievers bei einer Agilityprüfung. Labradors sind in Agility ebenso vorzüglich wie bei Unterordnungsprüfungen und Field Trials.

den. Insbesondere der Border Collie hat diese Ereignisse bestimmt, erweist sich als besonders leistungsfähig, aber dicht gefolgt von vielen anderen interessanten Rassen vom großen eleganten Saluki bis zum winzigen Yorkshire Terrier. Natürlich müssen die Hindernishöhen bei großen und kleinen Wettbewerbern variabel gestaltet werden.

LEISTUNGSHÜTEN. Bei diesen Veranstaltungen werden die alten Hütehunderassen unverändert auf ihre ursprünglichen Aufgaben getestet. In erster Linie sollten durch die Prüfungen die alten Hütehundeeigenschaften verbessert werden, in Wirklichkeit halten sie die Hunde in Form, ihre Instinkte wach. In England sind die Hütehundeveranstaltungen äußerst populär, werden durch das Fernsehen übertragen und ziehen große Zuschauermengen an. Zu den bekanntesten Wettbewerbern gehören Border Collies, Australian Shepherds und Australian Cattle Dogs, aber auch eine breite Anzahl all der übrigen Hütehunderassen, nicht zuletzt der Deutsche Schäferhund! Genau wie der Agilitysport fordern diese Prüfungen von Hund wie Führer alles. Dabei dirigiert der Führer den Hund durch Handzeichen und Pfeifsignale. Diese Tests werden in Amerika *Herding Tests* genannt, haben sich aber bisher beiweitem als nicht so aufregend erwiesen wie die englischen *Sheepdog Trials.*

Schutzhundesport hat mehr anzubieten als einen zerrissenen Hetzarm. Dieser Deutsche Schäferhund nimmt im Rahmen einer Schutzhundeprüfung am Verkehrstest teil.

SCHUTZHUNDESPORT. In Deutschland entwickelt hat sich dieser Sport in viele Teile der Welt ausgedehnt, nicht zuletzt auch nach den USA. Das Deutsche Gebrauchshundewesen gilt international als führend. Die Aufgabenstellung ist dreigeteilt, umfaßt Fährtenhundarbeit, Unterordnung und Schutzdienst. Naturgemäß eignet sich dieser Sport in erster Linie für die anerkannten Gebrauchshunderassen, aber eine ganze Reihe weiterer Rassen haben ihre Brauchbarkeit nachhaltig unter Beweis gestellt. Viele Ausbilder empfehlen, bereits vorhandene Naturinstinkte ag-

Ein Golden Retriever beim Canine Good Citizen Test. Zu den Testanforderungen gehört, daß der Hund unter verschiedenartigen Umweltsgegebenheiten stets ruhig bleiben muß.

gressiver Hunderassen wie Rottweiler oder Dobermann nicht noch zusätzlich zu stärken. Diese Rassen leisten ihre natürlichen Aufgaben als Wächter ohne zusätzliche Arbeit am Hetzarm und dergleichen. Hunde mit Schutzhundeprüfung müssen in der Lage sein, Fährten zu suchen, den Führer zu schützen und auch unter Streß eindeutige Unterordnung zu zeigen.

CANINE GOOD CITIZEN. Diese englisch/amerikanischen Prüfungen faßt man in den deutschsprachigen Ländern unter **verkehrssicherer Begleithund** zusammen. Die Hunde demonstrieren in der Öffentlichkeit, daß sie gut erzogene und vertrauenswürdige Lebensgefährten sind. Die

Hunde müssen eine Reihe von Tests aus dem Alltagsgeschehen bestehen, dabei zeigen, daß sie immer unter Kontrolle ihres Führers sind. Maßgebend für die Durchführung sind die jeweiligen nationalen Hundezuchtorganisationen. Langfristige Zielsetzung wäre, daß jeder Hund, gleich ob Rassehund oder Mischling, durch Teilnahme an derartigen Prüfungen unter Beweis stellt, daß er sich unseren heutigen Umweltverhältnissen reibungslos anpaßt, niemanden gefährdet oder bedroht. Würde dieses Ziel erreicht, hätten wir sehr viel mehr verantwortungsbewußte Hundehalter, gäbe es keinerlei Raum mehr, daß sich der Gesetzgeber zusätzlich um Hundeprobleme kümmern müßte. Als Ausgleich sollte der Staat dann aber auch ermöglichen, daß sich gut benehmenden Hunden und ihren Besitzern mehr Räume in der Öffentlichkeit eingeräumt werden. Sicherlich bedeutet es eine Ungerechtigkeit, gut erzogene Hunde davon auszuschließen, auch am Strand zu spielen und unangeleint durch einen öffentlichen Park zu bummeln. In unserer immer perfekter werdenden Welt brauchen wir *Canine Good Citizens;* diesen sollte genügend Raum auf allen öffentlichen Plätzen und Straßen, auch in Restaurants, Eisenbahnzügen und selbst Kirchen eingeräumt werden. Dabei sind die Verhältnisse in Amerika besonders verbesserungsbedürftig. Nach Auffassung unserer amerikanischen Freunde werden in Europa Hunde als Mitglieder der Gesellschaft und Familie weitaus mehr akzeptiert. Man sollte sich überall vor Übertreibungen hüten! Werden beispielsweise einmal Hunde wichtiger als Kinder, müßte sicherlich durch geeignete Maßnahmen diese Wertvorstellung korrigiert werden.

THERAPIEHUNDE. Viele Hundebesitzer besuchen heute mit ihren Tieren Altenheime, Krankenhäuser und auch Gefängnisse. Hier ist noch ein weiter Weg zurückzulegen. Gefordert wird wenig mehr als ein freundlicher Hund und Verantwortungsbewußtsein des Hundebesitzers, um

Die Teilnahme mit eigenem Hund am Therapieprogramm hat vorzügliche Sozialisierung des Hundes zur Voraussetzung, bietet einen großartigen Dienst an der Gesellschaft. Dieser Golden Retriever besucht schon jahrelang Pflegeheime.

diese Besuche zum Erfolg zu führen. Es gibt eine Unzahl von wunderbaren Geschichten, die beweisen, welche Wertigkeit diese Hunde haben, wie sehr sie in der Lage sind, das Leben von Alten und Patienten aufzuheitern. Therapiehunde bieten allen Beteiligten eine große Aufgabe und persönliche Befriedigung. Sie sollten von den Kommunen vielmehr gefördert werden.

Zurück zur Natur - viele Hundebesitzer suchen einen Weg zurück zu den ursprünglichen Aufgaben ihrer Hunde. Dieser Australian Shepherd hütet bei einem Veranlagungstest Enten.

VERANLAGUNGSTESTS. Insbesondere die Zuchtvereine haben eigene Tests entwickelt, um die natürlichen Instinkte zu überprüfen, manchmal auch schlummernde der einzelnen Hunderassen zu wecken. Dabei gibt es Jagdhundetests für diejenigen Hunde, die nicht aktiv als Jagdhunde ausgebildet sind. Durch Erdhundeprüfungen werden kleine Terrierrassen und Dachshunde kontrolliert. Auf der künstlichen Rennbahn werden Whippets, Salukis und andere Windhunde auf ihre Veranlagungen überprüft. Es gibt Schlittenziehtests für Huskies und Malamutes, für Dalmatiner Lauftests hinter Wagen. Neufundländer und Portugiesischer Wasserhund erwarten Eignungstests im Wasser. Hütetests wecken schla-

»Wir jagen auf Kaninchen!« Zwei Beagles auf der Verfolgungsjagd beim Field Trial. Beagles wurden ursprünglich auf Kaninchen und anderes kleines Wild jagdlich eingesetzt. Heute werden nur noch wenige Schnauzen von Beagles naß, wenn es um die Jagd geht.

fende Schäferhundeinstinkte, sie treffen auf Schafe, Ziegen und Gänse, um ihre Reaktionen zu testen. Derartige Tests sind natürlich sehr viel lockerer und einfacherer als Prüfungsaufgaben, fordern auch weniger vorherige Vorbereitungen. Alle Tests haben für die Zucht instinktsicherer Rassehunde eine große Bedeutung.

Vielseitigkeit beschreibt den Golden Retriever passend. Dieser Junghund befaßt sich gerade mit einem Ausbildungsdummy. Foto Nona Kilgore Bauer.

VIELSEITIGKEITSPROGRAMM

Alle anerkannten Hunderassen haben einen Rassezuchtverein, dessen Aufgabe es ist, die Rasse zu schützen und ihre Eigenschaften und Anatomie zu verbessern. Eine Anzahl dieser Zuchtvereine haben gerade in jüngeren Jahren eigene Vielseitigkeitsaufgaben entwickelt, um ihre Rasse zu fördern. Die Züchter konzentrieren sich meist nur auf ein Gebiet, beispielsweise auf die Hundeausstellung, kümmern sich wenig darum, daß ihr Hund sich auch in Unterordnung oder Leistungstests bewährt. Dem wirken doppelte Championate entgegen, wobei Schönheitschampionat und Leistungschampionat gleichzeitig angestrebt werden. Solche Doppelchampions waren in jüngerer Zeit sehr selten geworden, noch viel seltener dreifache Championate - auf Schönheit, jagdliche Leistung und Unterordnung.

Natürlich sind bestimmte Hunderassen von Natur aus vielseitiger als andere. Jagdhunderassen haben mehr doppelte Championate gewonnen als alle anderen Rassen zusammen. In anderen Rassen wie Deutscher Schäferhund, Border Collie und Pudel werden häufig mehr als nur ein

Die Arbeitsfähigkeit Deutscher Schäferhunde wurde auf neue Aufgaben ausgerichtet. Das Hüten von Schafen gehört nicht mehr zu seinen Alltagspflichten. Dafür arbeitet er als Polizei- und Schutzhund, entdeckt Rauschgift, führt Blinde, arbeitet als Rettungshund.

Championatstitel errungen. Das Gleiche gilt für Rassen wie Labrador und Golden Retriever. Dabei hat sich herausgestellt, daß sich in den Rassen Veränderungen ergeben, wenn sich die Züchter nur auf ein Feld beschränken, etwa nur auf Schönheit - Ausstellungen - oder nur auf Leistungsprüfungen. Hunde - vorwiegend für den Ausstellungsring gezüchtet - zeigen besonders starke Knochen und üppiges Fell, andere Hunde, vorwiegend für die Jagd gezüchtet, wirken relativ schlank, windhundartig. Durch die Doppelchampionate versucht man, zwischen den beiden Typen eine Brücke zu schlagen. Gerade Extremerfahrungen bei den zwei populären Retrieverrassen haben Richter und Züchter erkennen lassen, wie wichtig diese Vielseitigkeit für die Rasse in Wirklichkeit ist. Zu den Hunderassen, die noch weitgehend ihren ursprünglichen Aufgaben, für die sie gezüchtet wurden, nahestehen, gehören Border Collie, Australian Kelpie, Cattle Dog, Pointer, Flat Coated Retriever, Chesapeake Bay Retriever, Curly-Coated Retriever, Brittany Spaniel, Deutsche Vorstehhunde und viele andere.

Leider gibt es eine stattliche Anzahl von Hunderassen, die ursprünglich einmal Arbeitshunde waren, heute zu einseitigen Ausstellungshunden wurden. Dazu gehören Collie, Shetland Sheepdog, Beagle und die meisten Terrierrassen, die heute für ihre ursprünglichen Aufgaben nur noch eingeschränkt einsatzfähig sind. Natürlich hat die moderne Technik viele unserer Hunde arbeitslos gemacht, Erfindungen wie das Rad, Schußwaffen, Schneemobile, Löschfahrzeuge, elektrische Alarmsysteme und so weiter führten dazu, daß viele hundliche Talente nicht mehr gefordert werden, dadurch schwächer wurden. Die Rassen werden nur noch zum Familienhund. Glücklicherweise hat der neue Trend mit Veranlagungstests neues Interesse geschaffen. Man versucht, die Hunderassen wieder darauf zu kontrollieren, wie weit die alten Instinkte erhalten werden können.

Der Australian Shepherd ist unverändert ein vorzüglicher Hütehund. In den USA wurde er inzwischen sowohl als Familien- wie auch als Ausstellungshund zu einer erstklassigen Wahl.

Anne Rogers Clark
Andrew H. Brace

KYNOS GROSSER HUNDEFÜHRER

The International Encyclopedia of Dogs
Redaktion: Dr. Dieter Fleig

496 Seiten Großformat,
ca. 450 Farbfotos
DM 110,-

In Zusammenarbeit führender Verlage in den USA, England und Deutschland erscheint dieses umfassende Werk. Mit herausragenden Profi-Fotos und fachkundigem Text werden die von der FCI, dem English, American und Canadian Kennel Club anerkannten Hunderassen ausführlich vorgestellt.

Ein Traumteam der besten Hundekenner der Welt führt den Leser durch populäre wie auch nahezu unbekannte, umso faszinierendere Rassen. Auch Hunderassen, die - noch - nicht anerkannt sind, kynologisch aber Bedeutung haben, wurden voll aufgenommen.

Aber nicht nur äußere Formen oder schöne Fotos zeigt dieser Hundeführer, vor allem erfährt der Leser, ob die Rasse in ihrem Charakter, Bewegungsbedarf, Pflege und Haltungsanforderungen zu ihm paßt.

Diese Encyclopedia führt den richtigen Hund zum richtigen Hundefreund !

KYNOS VERLAG Dr. Dieter Fleig GmbH
Am Remelsbach 30 D-54570 Mürlenbach
Telefon 06594 - 653 Telefax 06594 - 452